小白学产品

互联网产品经理快速成长手记

程靖 / 著

電子工業出版社
Publishing House of Electronics Industry
北京•BEIJING

内 容 简 介

本书介绍了互联网产品经理工作中所需的基础知识和职业技能，包含用户需求、数据分析、原型设计、项目管理等方面的内容。通过讲解理论知识和翔实的案例让读者理解互联网产品经理这份职业。

本书向读者介绍了作者多年工作实践总结出来的方法论，能有效地帮助读者梳理实际工作中遇到的类似问题，并找到问题的解决办法。

本书适合立志成为互联网产品经理的在校大学生或产品经理新人阅读。

图书在版编目（CIP）数据

小白学产品：互联网产品经理快速成长手记 / 程靖著. —北京：电子工业出版社，2017.7
ISBN 978-7-121-31269-4

Ⅰ. ①小… Ⅱ. ①程… Ⅲ. ①电子商务—企业管理—产品管理 Ⅳ. ①F713.36

中国版本图书馆 CIP 数据核字(2017)第 070037 号

责任编辑：郑柳洁
印　　刷：三河市双峰印刷装订有限公司
装　　订：三河市双峰印刷装订有限公司
出版发行：电子工业出版社
　　　　　北京市海淀区万寿路 173 信箱　　邮编：100036
开　　本：880×1230　1/32　印张：7　字数：135 千字
版　　次：2017 年 7 月第 1 版
印　　次：2017 年 7 月第 1 次印刷
定　　价：49.00 元

凡所购买电子工业出版社图书有缺损问题，请向购买书店调换。若书店售缺，请与本社发行部联系，联系及邮购电话：（010）88254888，88258888。

质量投诉请发邮件至 zlts@phei.com.cn，盗版侵权举报请发邮件至 dbqq@phei.com.cn。

本书咨询联系方式：010-51260888-819，faq@phei.com.cn。

推荐序

初识程靖是在业问举办的一次线上分享活动中，分享的主题是“产品经理新人如何快速成长”，程靖以微信为例，一步步带着大家理解、进步。我当时想，他真是一位有经验、有耐心的好前辈。今日看完样书，更觉如此。

不同于市面上大多数“产品”方法论，这是一本为“产品新人”写的书，而且是新人真正需要的那一本。为什么这么说呢？因为在业问公司的工作中，我观察到“产品新人”常遇到3个非常实际的问题。

（1）想入行做产品经理，却常常带着主观的用户思维，思维方式一时转不过来，不知道从何下手转变。

（2）工作初期，容易陷于自己负责的功能实现中，却忽略了团队、部门或公司业务的需求，导致沟通不畅，事倍功半。

（3）因为经验有限，知识体系不完善，即便知道基本的工作职责，掌握了基本的工作技能，却不知道项目处于什么阶段，该如何有效推动项目前进。

对一名真正的产品经理而言，做对的事情比把事情做对更重要。因为产品经理的核心工作是确定什么时间做什么事情，而新人往往会钻进事物的细节中，天天纠结于这个功能怎么做更好，从而贻误战机，因小失大。

让人高兴的是，程靖写的这本书恰好把产品经理所需的知识点、技能包，乃至做事的心态和方法按照常规项目推进的节奏一点一点教给了读者。

书中的主角从新人的角度，从实习开始一步步陪着新人成长入门，务实地讲述了产品工作中的点滴，提醒新人注意容易犯错的误区。产品工作的日常是怎样的呢？如何找到一份产品经理的工作呢？如何站在面试官的角度做好准备呢？完成产品日常工作的方法有哪些？如何从一名只能完成本职工作的产品新人，转变为一名真正推动项目前进的产品经理？本书会给你答案。

如果你正打算从事产品经理这份有挑战的职业，大可将本书当成一张参考路线图，就像在踏上一趟未知的旅途前，就已经对前进路线有所了解，不仅会充满期待，也定会更加从容。

业问产品&运营负责人　柏　言

前 言

时间：1987 年 9 月。

地点：北京，计算机应用技术研究所内。

随着回车键被轻轻按下，中国第一封电子邮件成功发出，内容很简短“Across the Great Wall we can reach every corner in the world.”（越过长城，走向世界）。这封电子邮件的成功发出标志着中国互联网正式诞生。

此时在深圳市一所高中内，16 岁的马化腾对此一无所知，他还在为能考上一所好大学而日夜苦读。稍长他几岁的李彦宏则已经成功跨过了这座独木桥，带着对未来的无限憧憬开始了他的北大生活。在杭州，大三学生马云成为了学生会主席，每天组织着各种活动，忙得不亦乐乎。他们谁都不认识对方，也从未想过在北京发出的这封邮件会给他们和整个中国带来怎样的变化，直到后来他们的命运先后和“互联网”交织在一起。

在之后的30年里，中国的互联网以令人惊叹的速度发展。百度连接了整个中文互联网世界，淘宝彻底改变了整个中国的中小商品交易模式，腾讯推出微信颠覆了整个移动社交通信，顺带着又开始改造线下支付行为。一个个科幻小说里描述的场景正在被这一代人变为现实。除了上文中提到的三个人，更多的年轻人也与互联网发生了交集，他们中的一些人不仅成为了互联网产品的使用者，更是互联网产品的建设者。他们亲身经历着互联网大潮给大家生活带来的改变，也为即将到来的改变激动不已。

但是在快速发展的同时，问题也随之而来，互联网的发展需要的是一群富有激情、知识，受过专业训练的人才。与互联网的快速发展相比，我们培养人才的速度没能跟上，于是无数的人“半路出家”投入了这一行业，凭借着努力一部分人脱颖而出，成为了这一行业的佼佼者。

随着互联网用户规模的不断扩大，这一行业越来越为人所熟知，产品经理这个职位渐渐出现在了人们的视野中。这个职位要求懂用户、能设计、了解技术、有审美，如此苛刻的要求使得这个职位很难被系统化地学习，于是全国的第一代产品经理只能靠着野蛮生长、“以工代练”，自己成长为各方面的专家。

但是这一行业的发展实在太快了，当大家弄明白怎么回事儿时，事情又发生了新的变化。这使得只有极少的经验能被系统化地积累下来，造成了让后来者学习无门的困境，只能一遍遍掉进前辈踩过的坑，走前辈走过的弯路。

于是作者希望写一本书，将自己在多年产品生涯中想透的东西，和前辈交给的经验系统性地记录下来。这也就是写本书的初衷，希望能让本书的读者以最快的速度得到产品路上所需的经验。

本书涵盖产品经理从实习生到负责整个项目、公司战略的各个问题，内容由浅至深，让刚接触产品经理这一职位的读者能理解，并将具体的问题分成不同章节，使它成为一本可供大家查阅的工具书，让抱着具体问题的读者快速地找到自己想要的东西。

本书第 1 章分为 3 部分，向读者讲述了互联网和产品经理的一些基础概念，让读者对这份工作有大致的了解，同时也和读者分享一些通过面试的小诀窍和实习中需要注意的问题，让读者在正式成为产品经理之前的路走得更顺利。

第 2 章讲述了一个产品在设计之前需要经过的需求分析、数据分析和竞品分析。本章是产品经理的基本功，是一切成功的产品设计的基础，所以本章举了大量的例子和方法论以便读者理解。

第 3 章介绍了产品设计中的基础方法，从设计理念、设计工具到文档规范，让-1~2 岁的产品经理能迅速掌握设计的方法，并在实际设计中产生指导意义。

第 4 章介绍的是在推动一个项目开发、测试、寻求同事支持的过程中可能会遇到的手段和解决办法。由于各公司的氛围和文化不同，之前市场上并没有太多成熟的经验供读者参考，而本书会从问题的本质出发，引导读者看透问题的本质后找到解决方案。

第 5 章介绍了项目从开发完成后到上线中产品经理可能会遇到的问题和解决方法，一般项目开发完之后项目的参与人员非常容易产生松懈的心理，从而产生各种问题。产品经理是公司的守门员，是一切问题的最后屏障，多掌握产品上线过程中的各种知识是非常有必要的。

第 6 章介绍了互联网运营方面的相关知识，对产品经理来说，运营是离用户更近的一个角色，产品经理在工作中有大量需要与负责运营的同事合作的事情，了解运营的工作内容和方法往往能起到事半功倍的效果。

第 7 章介绍了与转化率相关的知识。目前中国的人口红利已基本被吃光，互联网也从增加时代进入存量时代，如何能在一定用户数的基础上获得最好的体验和转化率是每名产品经理在未来都会遇到的问题。

第 8 章介绍了互联网产品商业化和版本迭代的知识，这部分内容难度较大，一般是工作几年后的产品经理才需要学习的知识，但是在工作初期就了解这方面的基础知识，会让产品经理对产品的商业化和版本迭代有一定的思考和了解，是产品经理进阶的必经之路，在这里推荐有需要的读者也对相关知识进行学习。

第 9 章介绍了一名产品经理如果想要快速成长需要掌握的诀窍和需要思考的问题，包括从向上管理到如何突破瓶颈继续成长，以及对问题的深度思考和跳槽攻略，最后还向读者介绍了未来 5 年产品经理的发展方向。希望读者能在掌握本书介绍的技能的基础上，对未来的职业规划有自己的思考。

最后，感谢所有指导过我的前辈们，感谢小亮姐、糖糖、海丹、迪志，你们对我一次次无私的帮助让我成为了一个更好的自己。

谢谢我的女朋友图拉，本书的完成离不开她的鼓励与支持。

特别感谢我的父母，感谢他们把我带到了这个五彩缤纷的世界，并给了我无限的光明与温暖。即使在最黑暗的冬夜里，我的内心也能充满着爱与美好，坚定地走下去。

作　者

目　录

1

成为产品经理之前

1.1 产品经理的定义

1. 一名产品经理的诞生

悟空今年大四，大四是一个特殊的节点，还身在校园却被不断提醒离社会已经不远了，但是悟空大学三年学习生活过得不紧不慢，暂时没有想好将来要做什么，周围的同学考研的考研、实习的实习，自己对前路却有些犹豫。

与其他年轻人一样，悟空对新鲜事物充满了好奇，尤其对互联网产品特别感兴趣，无论是微博、微信，还是 O2O 外卖业务，悟空都十分熟悉。平时也有意无意地对这些产品进行一些思考，可惜自己不是学计算机专业的，不然真的想去互联网公司“改变一下世界”。

事情的转机发生在一次和师姐的闲聊中。悟空的师姐叫观音姐姐，比悟空高一届，2016 年毕业后就进入互联网公司工作，成为了一名产品经理。悟空非常好奇，观音姐姐明明不会编程，也不会视觉设计，去互联网公司能做什么呢？

悟空找到师姐想问个究竟，并表示自己也希望进入互联网公司工作，请师姐指点公司对这个职位的要求。

观音姐姐对悟空笑了笑说，你先别忙，我来问你两个问题，既然你想进入互联网公司的工作，那你觉得互联网是什么？互联网公司又是什么呢？

悟空一下陷入了沉思，虽然自己每天都接触互联网，但是要把这两个问题回答清楚，还真不是一件简单的事情。

2. 互联网是什么

通俗地说，互联网就是无数网络组成的、能在人类间传递信息的一个通信网络，它具有以下三大特征。

1）信息快速传输

互联网是不能传递实物的。例如，不能通过互联网直接把一个西瓜传给朋友。互联网的本质是电子设备通过互联网连接后彼此传递信息，而且信息传递得非常快。古时候，即使皇帝想向边关传递紧急信息也得好几天后才能送到，而现在我们利用互联网瞬间就能完成。所以请记住互联网的第一个特性：信息快速传输。

2）大量数据的快速计算

单有信息传输是不够的，如果只是快速传输信息的话，电话、电报也能做到。互联网之所以发展得如此迅速，除了信息快速传输之外，还因为它具有快速计算的功能。例如，网络约车在被“互联网化”之前，人们如果想打车，可以通过“电话呼叫+人工调度”的方式。到了“滴滴时代”，计算机通过快速的数据计算，一下将整个调度效率提升了无数倍。2016年5月，滴滴日订单量超过 1000 万，如果没有快速计算，这个量级的服务靠着“电话呼叫+人工操作”是不可完成的。

这是互联网产品的第二个特性，大量数据的快速计算。

3）易用的产品

互联网产品刚诞生时非常难用，需要经专业培训的人才能进行操作，导致互联网用户数非常少。在随后不到 30 年的时间里，用户数就发展到了 10 亿，发展得如此迅速的最重要原因之一就是互联网产品的学习成本在不断降低，产品变得越来越易用，这让普通用户的使用门槛大大降低，只需要用极低的学习成本就能很快上手。

这是当今互联网产品的第三个特性：易用的产品。

基于互联网的这些特点，一些公司利用互联网服务用户，创造了商机并得到了快速的发展，这就是互联网和互联网公司。

如图 1-1 所示，滴滴打车就是一款典型的互联网产品。

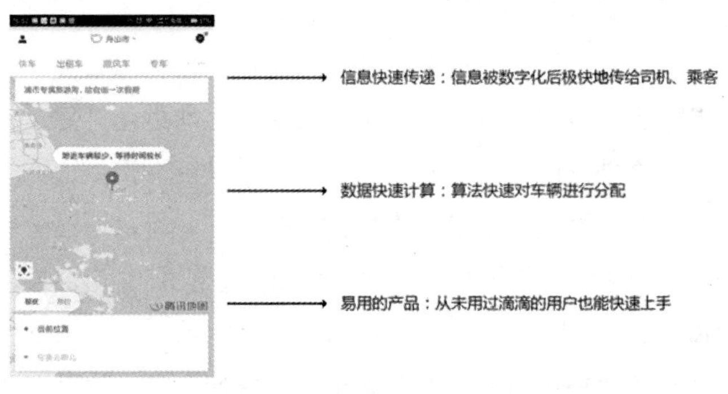

图 1-1

悟空听了这些话后非常兴奋。原来概括起来是这么回事啊！那产品经理又是什么角色，在公司里能起到什么作用呢？

3．产品经理存在的意义

既然互联网公司存在的目的是为用户提供服务，那么公司就需要有人来完成以下 4 件事情。

（1）了解用户：只有知道用户想要什么，才能更好地创造出合适的产品服务用户。

（2）设计产品：能依据对用户的了解把产品设计出来。

（3）整合资源把产品研发出来：有了设计是不够的，产品最终诞生还需要很多角色齐心协力，例如视觉设计师设计产品的视觉样式，研发人员需要把产品做出来，测试人员需要检测产品是否有 BUG。公司需要有人把这些角色协调起来才能把产品研发出来。

（4）推动产品的持续迭代：产品被做出来并不意味着项目的终结，相反，公司还要有人不断总结得失，然后继续推动产品的升级。

在公司里负责这 4 件事情的人，就叫做产品经理，如图 1-2 所示。

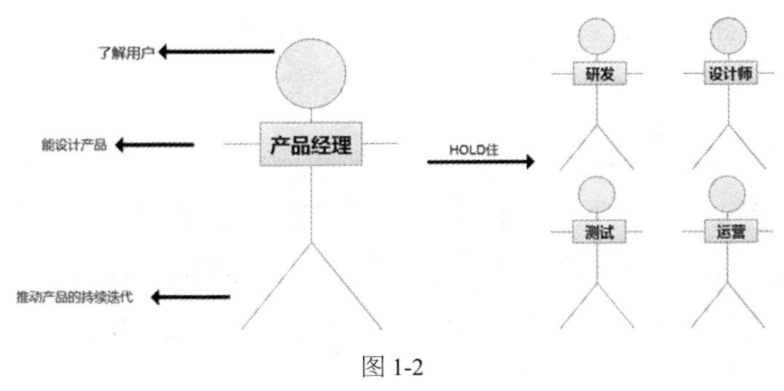

图 1-2

给产品经理的一句话：公司里有很多资源，能调用资源解决问题就是产品经理存在的价值和意义。这也就是为什么产品经理的 Title 中有“经理”二字的原因。

---

4. 对产品经理能力的要求

既然产品经理需要完成的是以上几个任务，那么想成为一名产品经理就需要具有以下能力。

（1）如亲密的朋友一般了解用户。这就要求产品经理不能只凭自己的主观感觉去判断，而需要借助方法论、用户调研、数据分析等方式切实地了解每一个用户，直到产品经理对用户就像对非常熟悉的朋友一样了解，才能知道用户喜欢什么，在特定的情况下会做出什么样的反应。

（2）拥有产品设计能力和规范的方案表达能力。产品经理要做的不仅是能在脑海中想象出产品来，还需要完成规范化文档并拥有较强的口头沟通能力，让大家能明白并认可自己的设计。

（3）拥有项目管理能力。互联网项目往往需要多人协作才能完成，产品经理作为项目组织者需要将团队成员组织起来沟通完成项目，这就要求产品经理拥有不错的项目管理能力，能合理地安排团队成员的工作内容，并把控项目进度和节奏，保证项目按时、按质的完成。

（4）拥有规划和反思能力。互联网产品需要快速迭代来适应市场的变化，所以需要产品经理拥有规划能力，能安排好每一期项目要实现的功能，还需要按照用户的反应不断总结得失，调整产品的方向和节奏，让项目能快速发展。（注意：不是只有用户的文字和语言才是反馈，绝大多数用户都是沉默的，都只会用自己的行为反应自己的好恶，需要我们用其他方式发现用户心中所想的东西。）

5. 产品经理每天都在做什么

观音姐姐说完后悟空问道，每天要做那么多事情，怎么忙得过来呢？要不给我讲讲你们每天的具体工作内容是什么吧？

观音姐姐回答说，工作内容很好理解，产品经理每天的工作都围绕着以上 4 件事情展开，而且往往好几个项目会交织在一起，需要我们并行处理，还需要不断地面对变动的情况，至于我们每天具体的工作是什么，我来给你举个例子吧。

背景：某产品经理同时负责 A、B 和 C 三个项目。A 项目还在需求设计阶段，B 项目在研发中，C 项目已经上线。

理想中

9:30 来到公司开始设计 **A 项目**，觉得创意爆棚，文思泉涌。

12:00 休息一下，开始跟进 **B 项目**的研发进度。

16:00 取出 **C 项目**的线上数据进行分析。

19:30 下班。

实际上

9:30 进行项目管理工作（互联网公司一般上班比较晚），开会了解昨天**B项目的开发进度**，不要把问题留到晚上。了解到前端研发的进度有问题，赶不上原来预计的测试时间了。

10:00 协调资源。会后重新**协调B项目**的测试时间。

10:30 设计产品。开始**设计A项目**的原型图。

11:00 了解用户并推动产品迭代，找到C项目的研发人员，取出C项目上线后的数据，**对C项目进行数据分析**。

11:30 沟通。正在进行数据分析时，被领导告知依据市场部的最新调研结果，B产品需要改变设计方向。于是赶忙找到了做市场调研的同事，**了解B项目**要改变方向的具体原因和情况。

14:00 整合信息，重新设计产品，推翻B产品之前的设计，从头开始**设计B项目**。

16:00 数据分析，领导需要向上汇报改变方向的原因，要了解B产品的情况，需要**准备B项目的相关数据**。

17:00 效果分析，开始**C项目的效果评估**。

18:00 与研发、测试人员**沟通B项目的需求**。安抚同事的情绪，继续推动项目向前。

这就是一个产品经理的一天。需要不断依据变化调整自己的工作内容，把事情一件接一件的完成。

观音姐姐接着说，产品经理这个职位虽然看起来门槛比较低，不像程序员、视觉设计师那样需要拥有硬性的技能，但是低门槛需要的是高能力。伴随低门槛而来的是激烈的竞争，这就需要立志成为产品经理的同学好好努力才能打动面试官。我和你说这么多也是给你泼泼冷水，这个职业可不是坐在办公室拍拍脑袋想个点子就可以的，需要面对巨大压力，掌握大量技能才能做好产品经理。

你真的想好了要成为一名产品经理吗？

6. 自我评估

你适合成为一名产品经理吗？我们通过下面几道题评估一下吧。

关于了解用户的问题：当遇到一个很流行但是自己不喜欢的电影或小说时，你该怎样做？

（1）这种东西都能流行，大家的审美有问题吧。

（2）别人怎么想不重要，反正我就是不喜欢。

（3）既然一个东西能流行起来，肯定有它的道理，今后我也可以模仿。

（4）必须和喜欢的人好好聊聊，看看流行的原因究竟是什么。

关于设计：如果让你来设计一件巴黎时装周的衣服，你怎么设计？

（1）按照我的审美就好。

（2）参照之前的获奖作品进行设计。

（3）充分了解这次评委的习惯和之前成功的产品，思考原因，然后进行设计。

关于协调组织：如果你组织大家进行野炊，你会怎么组织？

（1）和大家说好时间、地点就不管了。

（2）按我的安排分配好任务，每个人负责一块。

（3）了解大家的喜好和能力，分配好任务，并且自己准备好备份方案。

关于迭代思维：经营好一家蛋糕店，蛋糕要做成什么样子？

（1）做到最好才卖。

（2）先做一般的看看样子。

（3）先做一般的，再做最好的。

（4）做几种一般的，几种最好的，然后依据用户反馈不断改进。

答案：每一道题的最后一个选项才是产品经理应该有的做法，你做对了几道题呢？

1.2 如何通过面试

自从上次和师姐聊天后，悟空了解到了原来要成为一名产品经理并不是一件简单的事情，而这个被冠上“经理”名号的职位工作内容也不如想象中的那么轻松简单。

但在深思熟虑后，悟空还是决定要成为一名产品经理，他觉得这会是一份让他喜欢的工作，于是他边努力学习，边将简历投到了各大互联网公司，希望最终能得到一次实习的机会。

1.2.1 面试前的学习

在面试之前，悟空做了以下几件事情，让自己尽量能在短时间内具备产品经理的基本能力。

（1）阅读。用最短时间看完了网上能找到的关于产品经理的精华资料，包括几本介绍产品经理的书籍。

阅读书籍资料的好处在于能快速接触到很多“干货”，这些内容都是前辈花费了很多心血才总结出来的，质量明显高于大家闲谈中的只言片语，而且非常成体系，能让自己快速建立知识框架。

（2）体验。大量地使用互联网产品，让自己对市场上的互联网产品有个初步了解。

悟空在手机上一口气下载了几十款 APP，收藏了国内最有名的几个网站，然后挨个使用**并记录下使用体会。**

正所谓百看不如一做，只是阅读是无法真正消化和理解文章内容的，还需要我们亲自体验。只有自己成为了互联网用户，才能真正理解他们。**但是试用只完成了这个任务的 10%，试用之后一定得有书面总结，总结完成后才算是真正的完成了体验。**

（3）定方向。选定其中几款自己最感兴趣的产品，成为它的深度用户，然后思考这些功能有什么用处、设计的优缺点在哪里。

互联网世界中的产品实在太多，挨个弄清楚既不现实也无必要。所以用过主流产品后，需要选出几款自己擅长或熟悉的产品进行深度分析和思考，例如一名爱好运动的男生，由于是体育新闻 APP 的重度用户，很容易理解这款产品目标用户的需求，所以工作起来会比较顺手，往往能把体育新闻 APP 做得不错；但由于这位男生对化妆缺乏兴趣，对经常化妆的用户也完全不了解，所以几乎不可能成为一名优秀的美妆 APP 的产品经理。

（4）动手分析。依照网上给出的样例写出产品分析报告。

只有当我们真的动手写报告后，才会发现原来很多事情不是想象中那么简单，这会强迫自己从产品经理的角度进行系统化的深度思考，提出切实可行的解决办法，而不会只是从普通用户的角度“吐吐槽”。

（5）给出可行的方案。分析出产品存在的缺点后，从产品经理的角度提出能解决问题的可行方案。

大多数初学者都会存在太“学生气”的问题，换句话说就是容易“想当然”，总觉得只要一个创意被提出来就会很容易实现，但是却没仔细想过方案落地时会遇到什么具体问题，这些问题我们该如何解决。所以当我们想出一个问题的解决方案时，还需要仔细思考，验证方案的可行性。

悟空在做完了这几件事儿之后，已经过去两个月了，在这期间悟空向国内各互联网公司投递了简历。最终收到了几份面试邀请，悟空非常珍惜这几次面试机会，于是再次请观音姐姐指点自己。

观音姐姐对悟空这两个月来取得的进步非常满意，但是却没有直接告诉悟空所谓的“面试秘籍”。她对悟空说：作为一名未来的产品经理，你要养成一个习惯，那就是思考一件事情时，不要一开始就去想具体的做事方法，而是要先思考事情的本质是什么，我们的目的又是什么，接下来才是方法和手段，否则很容易陷入南辕北辙的境地，白辛苦不说，事情最后还有可能没办成。所以你问我如何通过面试，首先我们需要思考面试的本质是什么。

1.2.2 面试的本质是什么

面试，是一个面试者和面试官相互了解的过程。

面试官需要了解面试者，以此评估面试者是不是符合要求。

面试者需要了解面试官和公司，以此评估自己和这家公司是否适合。

当然，在大公司面前，没有经验的面试者大都没有太多选择的余地，会处于比较弱势的地位。面试者需要说服面试官他具有胜任该项工作的能力，例如懂用户、能设计、有逻辑思考能力和沟通能力。那么问题来了，我们该如何说服面试官呢？

1.2.3 如何说服面试官

1. 向面试官证明你具有相应的能力

大多数面试者都会向面试官“声称”他们具有该职位要求的能力，却很少有人能向面试官“证明”自己的能力，往往还需要面试官通过对话进行判断，这无疑增加了通过面试的难度。所以好的面试者会主动向面试官证明自己的能力，而不是等待被发现，如图 1-3 所示。

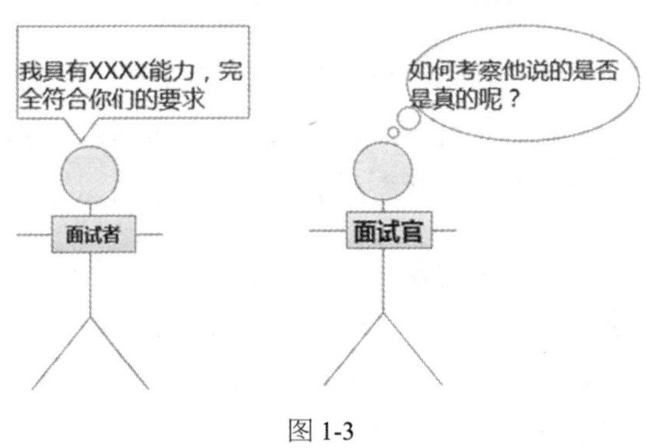

图 1-3

2. 硬实力是一切的前提

向面试官证明自己具有相应的能力的前提是你真的具备这些能力。世上任何竞争都一样，应试技巧只是辅助，硬实力才是基础。

一般面试官都工作了很长时间，也是从应届生一步步地成长起来的，所以妄图通过对互联网的粗浅认识和“面试秘籍”

通过面试的概率微乎其微。

给产品经理的一句话：如果想让自己的能力符合产品经理的要求，实习是最好的方法，但是如果之前还没有实习的经历，不妨通过上文提到的“阅读、体验、定方向、动手、给出方案”5 个步骤快速提升自己的能力。强大的实力才是最好的“通关秘籍”。

3．如何脱颖而出，与其他面试者拉开差距

面对面试官的问题，面试者都能提出自己的各种想法，但是最重要的区别就是有些人能多想一步，想到把想法落地的具体方案。最优秀的那一批人甚至会把方案亲自实施一遍。

发现问题→思考问题→解决问题，这是面试者的 3 个层次，几乎所有人都能发现问题，一些人会思考问题，极少数人会去解决问题，如图 1-4 所示。而面试官的任务就是把那些能解决问题的人选进公司。

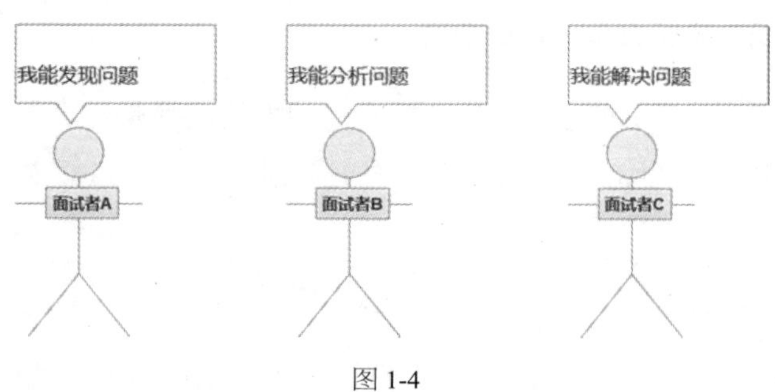

图 1-4

举个现实中的例子，某 O2O 外卖产品的面试官一上午面试了 A、B 和 C 三个面试者，A 说外卖有时送得慢，B 提出中午订饭人特别多时可以招兼职骑手保证准时送达。C 干脆就体验过当兼职骑手，提出可以让骑手在店中等待几单后一起送到一个地方，能提升骑手的送餐效率。

很明显，面试者 C 最可能被录取，B 次之，而 A 几乎没有被录取的可能。

观音姐姐接着说：在做好以上准备工作的基础上，还需要思考面试技巧的问题，接下来我来和你讲讲面试的主要“套路”。

1.2.4 面试的套路

1. 自我介绍

面试者可能会被要求做一个一分钟的自我介绍，在介绍中你可以提到自己与产品经理这份工作特别契合，例如善于观察、逻辑好、沟通能力强等。

2. 对产品的基础了解

面试官会和面试者聊对产品的见解，面试者可以将话题引导到自己研究的最透彻的产品上，例如“我对某产品比较感兴趣”，一般面试官是不会刁难你的，会顺着你的思路听你讲下去。

3．是否有解决问题的办法

面试官会考察面试者有没有深入思考问题并且尝试解决问题的能力，会举一个面试者知道的产品，问面试者如果你是这个产品的产品经理，你具体打算怎么做。

这个问题需要面试者回答得有逻辑并且有落地的方案。如果一下子想不出落地的方案，可以说一下自己对这个问题是怎么分析的，能从什么方向去思考。

4．千万不要说的话

有一句话，我建议面试者最好不要说，那就是“自己虽然还不懂，但是很愿意学，希望公司能给自己一个学习的机会。”

前文说过，面试官在评估面试者的能力是否达到公司的要求，发现面试者现在还不具备相应的能力心就凉了一截。面试者并没有证明自己的学习能力和学习意愿很强，如果学习能力和学习意愿那么强的话，为什么面试之前没有去学习相应的知识呢？

各位即将参加面试的读者加油吧，祝大家都能拿到满意的offer！

1.3 实习之路

功夫不负有心人，在过五关斩六将之后，悟空成功获得了一个实习机会。

悟空非常高兴，请观音姐姐出来吃饭，一方面感谢她对自己的指导，另一方面也想请教一下，作为一名新人去公司后有什么需要注意的。

观音姐姐也很为悟空高兴，把自己总结的经验全都告诉了悟空。

1.3.1 如何成为一名优秀的实习生

1．明确定位

作为一名新人，明确自己在公司的定位是头等大事，如果没有想清楚自己的定位，很容易进入不知所措的状态。

所有的新人刚进公司时都是一名学习者，公司不仅不会要求他立刻做出贡献，相反还要为他付出金钱资源、导师的时间和精力资源，承担他失败的风险。公司期望一段时间后，新人熟悉工作内容后，能渐渐地承担起一部分工作。

所以，一名优秀的产品实习生对产品工作怀着敬畏之心，不要着急弄出一个“大新闻”。实习期间主动承担责任，先主动帮助同事处理好一些简单的工作，并在期间多观察、学习，让自己早日承担起更多的工作内容。

2. 多看多问

正所谓百闻不如一见，纸上谈兵不如亲眼见一下。与之前在书上看的和从别人那里听的不同，我们在公司实习期间会看到“真实的产品经理”是如何工作的，然后切实理解这个职位。实习期间公司会指派一名指导人对我们进行指导，我们跟着指导人与大家进行沟通、开会，逐渐熟悉团队的工作流程和业务内容。

优秀的实习生会把经历的点滴都放在心上，不断地对工作流程和内容进行反思，想明白目前的流程和方案有什么合理性，弊端是什么。如果自己在导师的位置，该如何处理这件事情。

3. 主动沟通

当我们观察了一段时间后，对公司也有了一定的了解。这时需要主动申请承担一些事情，公司与校园最大的不同在于没有人告诉你应该按照什么路径成长，一切都需要你自己挖掘和探索。有时指导人比较忙，也无法给你安排适当的任务。

所以，主动与导师沟通，去做一些力所能及的事情是我们熟悉工作内容后需要做的事情。需要注意的是，有时接到一些看起来比较简单的任务不要嫌事情太简单，很多看起来很简单的事情想要做好并不那么容易。把简单的任务出色地完成才能让我们逐渐获得信任，慢慢地接到难度更大的任务。

4．踏实实践

在经过一段时间的观察和实践后，很多新人都会觉得自己对这份工作已经有了充分的了解，认为工作没有想象中那么难，其实这在很大程度上是因为我们得到了指导人和公司前辈的保护，并非我们自身的能力已经达到了独当一面的水平，这就需要我们保持良好的心态虚心学习。

虚心踏实的心态是年轻气盛的产品新人很难拥有的，当一切都很顺利时，未经磨难的产品新人很容易产生自己无所不能的幻觉。所以如果觉得自己应付目前手头上的事情已经绰绰有余，不妨找到指导人要求安排更困难的任务吧，当自己做任务遇到困难后，就会明白事情远比自己想象中的复杂和困难，自然就会踏实下来。

1.3.2 实习生能从实习经历中获得什么

既然当好一名优秀的实习生那么不容易，那么当我们拥有了一份实习的经历后收获会是什么呢？

（1）简历上的亮点。这段经历会让你的简历亮眼不少，这在目前激烈的竞争中显得尤为重要。校招中一份产品经理的实习经历能让 HR 眼前一亮，在用人单位看来，实习经历比起学生干部的经历要有更强的说服力。

（2）明白了产品经理的日常是如何工作的能让你对这份工作有一个全新的认识。参加过校招的面试官都能非常清晰地感觉到绝大多数实习过的应聘者会比没实习过的应聘者靠谱得多，他们能真正理解产品经理的工作内容，而不是凭着想象纸上谈兵。

（3）亮眼的工作成果。一份专业的报告是我们在面试官面前侃侃而谈的资本，其实面试是相互了解的过程，面试官与你的所有对话都在试图评估"把你召进来后你能否胜任这份工作"，而一份亮眼的工作成果就是"我能胜任这份工作"最好的证据。

（4）直接获得一份 offer。不少公司招聘实习生是为了提前做好人才储备，让自己能尽早接触并评估人才。公司各部门也倾向于把已经有一段工作经验的实习生留下来，所以表现较优异的实习生有可能直接获得一份 offer，免去找工作时非常激烈的竞争。

与观音姐姐交谈后，悟空自信满满地开始了他的实习生涯。

悟空实习的公司是一家叫"千寻搜索"的网络公司，拳头产品是搜索引擎。公司安排了一名叫唐三藏的老员工作为悟空的导师，唐三藏加入这家公司已经 3 年，对公司的大小事情十分熟悉。

悟空的实习生活正式开始了。

一开始实习工作并不是很忙，甚至称得上清闲，悟空领到了自己的工卡和笔记本电脑，开始了每天乘地铁从学校到单位上班的生活。

一周后，悟空认识了同事、学会了按格式发邮件，每天跟着导师唐三藏参加各种会议，看着导师与负责研发、设计和测试的同事沟通，开始熟悉公司的内部流程。

导师看见悟空已经逐渐适应实习工作，就交给了悟空入职以来的第一个正式任务：体验公司的产品。

悟空满口答应下来，用两天的时间搜索了大量的 query（搜索词），挑出了搜索结果的不少毛病，心想这个任务完成起来也太简单了。

第三天一早，导师找来悟空，询问他的体验结果如何。

悟空说公司产品挺好的，就是有一些 badcase（坏例子）。

导师问悟空，你现在是一名产品经理，你觉得应该怎么改进产品呢？

这可把悟空问住了，因为悟空只是作为一名普通的用户对公司的产品进行了体验，根本没有思考过公司的产品是怎么运作的，背后的原理是什么。只能支支吾吾地提出几个自己都觉得不靠谱的方案。

导师继续问，那你觉得解决这个问题需要多大的成本，对产品的影响又有多大呢？竞争对手的产品也存在这些问题吗？

这下悟空终于感觉到了自己的不专业，特别不好意思，脸红得像猴屁股一样。

导师是一个很有耐心的人，师徒二人找了一个会议室，开始分析悟空的这个问题。

1.3.3 面对导师交给自己的任务，应该如何处理

（1）明确目标，先弄明白对方想要自己做的事情是什么，最好能把自己对任务的理解用自己的语言向导师重复一遍，以防两人因为经验和认知上的差距造成对任务的表述和理解出现误差。

（2）寻找模板，研究前人的工作成果能让我们少走很多弯路，可以要求导师发几个例子给自己，然后仔细学习其中的优点，再结合自己的理解把任务完成。

（3）向导师介绍自己的思路，然后让导师评估自己的计划是否可行并指出问题。在动手前与导师沟通自己的计划，不要害怕被指出错误。一个新人在思路上有问题，应该尽量与导师沟通，而不要鸵鸟心态，以免一旦问题出现后一发不可收拾。

（4）在任务进行的过程中，主动向导师汇报自己的进度。不要埋头苦干，反而让导师对自己失去了控制力，既不知道我们的进度，也无法在问题出现时及时给予我们帮助，这显然不利于我们成长。

听完了这 4 点，悟空顿时明白了自己的问题。

一天之后，悟空再次主动找到导师沟通。

（1）明确目标：这个任务的目标是评估公司产品的质量以及寻找之后的改进方向。

（2）寻找模板：查阅前辈留下的评估方法后，计划找出目前最热门的 500 个 query 和随机的 500 个 query 进行搜索。然后对搜索结果进行质量评估，找到主要竞品也进行评估。最后把结果相互对比整理出报告。

（3）导师听后建议评估搜索结果质量时采用查看 query 点击率的方法，找出点击率特别好和特别差的结果再进行分析，而不要进行主观分析。于是悟空对评估方案进行了修正。

第一天评估后，悟空向导师汇报自己预计第三天完成这份工作，暂时没有遇到什么困难。

第三天悟空如期交出了报告，导师看了之后略加修改，让他以邮件的方式分享给大家。悟空照着邮件模板写完了邮件并发出，很快得到了大家的回应，还有几个比较突出的问题被一名产品经理认领了，说会想办法尽快解决，悟空顿时觉得自己有点入门了。

导师交给悟空的任务越来越复杂，悟空遵循着之前导师给自己的总结完成了一个又一个任务，有时是处理一个小 BUG，有时是总结用户反馈，但是他觉得自己做的事情不太有意思，虽然的确在不断优化搜索结果，但是这么“小打小闹”下去，什么时候才能做出一款很酷的产品呢？

这个想法悟空不好意思找导师说，于是找到观音姐姐说出了自己的困惑。他觉得目前的工作内容不够酷，似乎不如自己憧憬中的有意思。

观音姐姐听了悟空的倾诉后说，你觉得目前你的能力已经足以胜任你的工作，希望找一些更有挑战性的工作，对吧？那你为什么不和你的导师沟通呢？

悟空说觉得自己第一次接到任务时太想当然了，结果没有把工作做好，所以现在不确定自己的能力到底到了什么程度，贸然向导师提出想要更有挑战性的工作会显得不够踏实。

师姐说，显得不踏实是沟通方法的问题。如果把问题闷在心中拒绝沟通，就是你的问题了。我得向你说下及时与导师沟通的意义在哪里，方法有哪些。

1.3.4 与导师沟通的意义和方法

（1）要共同完成一件事情，需要团队成员对项目的最终目标在理解上达成一致，这样才能相互配合好。毕竟每个人都是独立的个体，我们无法确定其他人是否真的理解了自己的想法。

（2）沟通并不是单向的，导师虽然比我们更有经验，却并不能完全洞悉我们的想法，所以当我们有疑惑或者问题时，需要我们主动沟通，而不是被动等待。

（3）导师通常很忙，所以我们要找对时间节点，快速准确地表达出自己的观点。提前约与导师的沟通时间就是一个不错的方式。

悟空听了师姐的建议，第二天询问了导师今天的时间安排后，双方约定在中午对最近的工作进行一次沟通。

悟空说：导师，我觉得自己已经能较好地完成目前的工作，希望能承担一些更有难度和挑战性的工作。

导师回想了最近的情况，觉得悟空最近工作完成得的确不错。于是说道：我会安排一些更有挑战性的工作给你。

说完还补充了一句：希望承担更有挑战性的工作就和我说，你不说我怎么知道你想做呢？作为一名产品经理，太被动不是好习惯，希望你能早日改掉。

给产品经理的一句话：产品经理与公司其他角色不一样，这个职位的本质是一个驱动者的角色，要求天生具有驱动者属性，遇到问题不能被动等待。产品经理是最该想办法推动解决事情的人，不仅可以推动自己、推动下属，还可以推动领导解决出现的问题。

2 需求调研与分析

2.1 需求调研与分析

在悟空向导师提出想做些更有挑战性的事情后，悟空收到了新的任务。

任务背景是这样的：目前有很多用户在“寻他搜索”中搜索与电影相关的搜索词，但是搜索结果并不能满足用户需求，用户点击率偏低，所以公司想优化这部分体验。在项目启动前，悟空需要对用户需求进行分析。

听完任务悟空傻眼了，用户需求分析自己接触过，但是要系统性地进行分析并产出报告文档，这件事儿悟空可从来没做过，报告怎么入手呢？悟空急得抓耳挠腮。

这一切都被导师看在眼里，晚饭过后，导师找悟空聊了聊。

导师说，用户需求是一切互联网产品的基础，所以对它的理解和把控是产品经理的基础能力之一，今天我就把和用户需求相关的知识传授给你。

2.1.1 什么是用户需求

用户需求，简而言之，就是用户需要的东西。用户需求对互联网产品非常重要，关系到产品甚至公司的生死存亡。在互联网世界中，谁能更好地满足用户需求，谁就能获得用户，否则就会被淘汰。

了解用户的需求是什么并不是一件简单的事儿。先不说不同用户间存在巨大的差异，导致每个人的需求不一样，单是用户对需求的理解和表达就千差万别。

如图 2-1 所示，同样是想从上海到北京去，有些人说自己需要一款能买机票的 APP，有些人说需要一张火车票，有些人会要一辆车，还有人说要一匹马。

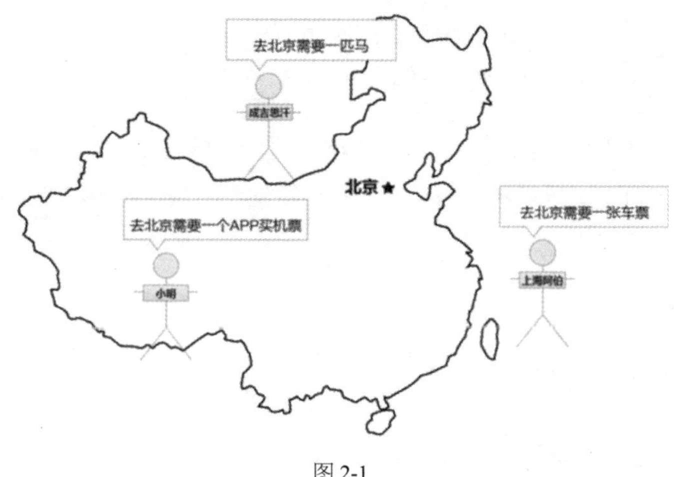

图 2-1

于是问题就来了，我们想知道的是用户的需求，但是用户表达出来的往往是他们想要的功能，也就是我们常说的伪需求。

所以，如何识别用户“真正的需求”并组织研发出相应的产品满足用户，而并不是只提供一个简单的功能就成为了产品经理需要绞尽脑汁想清楚的一件事情。

2.1.2 为什么会产生伪需求

伪需求出现的本质原因是由于手段比目的更具象化，所以人类很容易把手段当成目的。

我们可以想象，在石器时代，原始人小王肚子饿了的时候吃到了树上的果子，然后饱了。于是从此小王就有一种认知，那就是吃到果子=不饥饿。于是下次小王再饿了时就会再次寻找果子，而不会去思考自己的本质需求是果腹，其实可以用其他手段实现，如种植、打猎、畜牧等。

从上面的例子我们可以看出相对于目的这个抽象的事物，人类对于手段这种相对具象的东西更熟悉，表达也更熟练。这也就难怪人类常常只能表达出自己的伪需求。

因为这个问题的存在，就需要另一批人调动人类更高级的功能识别手段背后的目的，然后看看有没有更好的手段满足需求。

2.1.3 如何区分需求与功能

既然用户想要的东西那么混乱，我们如何能理顺思路，找到用户“真正的需求”呢？

首先，正如我们前文所说，需求是目的，功能是手段。

普通用户分不清其中的区别，有些人会把功能当成需求，从而产生很多伪需求，让产品经理大伤脑筋。那么，我们该如何区分功能和需求呢？这里教大家一个非常简单实用的方法。

用户需求是自古以来就存在的，只是满足需求的方式（功能）发生了变化。例如，吃饱这个需求的满足方式从最初的打猎、烤肉，进化成耕种米饭，再进化成今天的美团外卖。

基于这一点，我们可以得出这样的判断标准：如果原始人也需要，那就是真需求；如果不需要，那就是伪需求。

练习：以下选项哪几项是需求，哪几项是功能（伪需求）。

1．小明想要娱乐

2．小明想要去迪士尼

3．小明想写作业

4．小明想考大学

5．小明想去另一个地方

6．小明想休息

以上问题中 1、5、6 是需求，你回答对了吗？如果没有答对，请把本内容再看一遍。

2.1.4 产品经理为什么要理解用户需求

由于需求和功能有着巨大的差异，所以当产品经理设计一个功能时，深刻理解用户需求就成为了一个必要的前提。

为什么乔布斯的 iPhone 与用户想的完全不一样（用户也想不出来），但是 iPhone 却最终大卖？就是因为 iPhone 虽然没有实现用户想要的功能，却满足了用户的需求。乔布斯貌似完全不理会用户的反馈，以至于很多人误以为他的成功来源于对用户的不妥协和偏执，但事实恰恰相反，乔布斯是一个最贴近并深入了解用户的人。很多产品经理放弃了对用户的理解而去学习乔布斯的偏执，以为这样就能做出“改变世界”的产品，真是舍本逐末。

所以只有了解了用户真正想要的东西，才能提出合理的解决方案。如图 2-2 所示，我们之所以说产品经理是用户和研发人员之间的连接器，说的正是这一个道理。

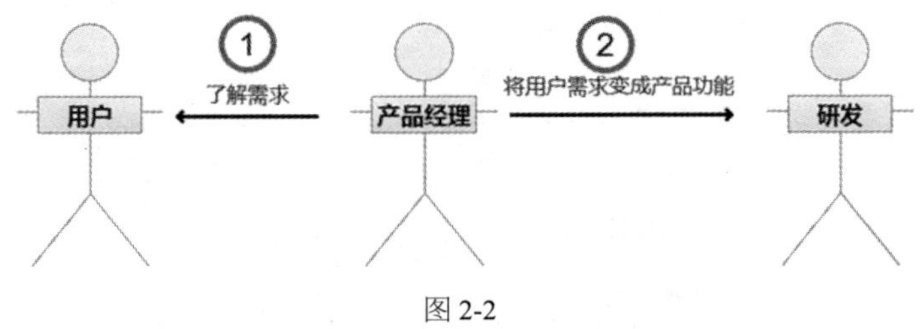

图 2-2

那么，我们怎么才能做到和乔布斯一样了解用户的需求呢？答案很简单，就是做需求分析。需求分析又该怎样做呢？

2.1.5 需求分析的具体步骤

需求分析具体分为以下几个步骤。

1. 定范围

世界上的用户太多，没有一个产品能满足所有用户的需求，所以我们在分析的最初就得选定分析范围，圈定我们的目标用户。

这类用户的特征是：他们都有共同的需求，并且这个需求都可以被我们的产品满足。

例如悟空要分析的这个项目，用户的需求是娱乐，而这个需求可以通过在网络上或者电影院观看电影满足。那么，“通过网络进行电影信息查询、观看、购票的用户”都是我们的目标用户，于是悟空得出了以下结论。

结论 1：用户需求是娱乐。

结论 2：目标用户范围是通过网络进行电影信息查询、观看、购票的用户。

2. 定目标用户数量

这个步骤往往被我们忽略，因为大家会进行一个主观判断“这个产品应该不少人用吧”，从而启动这个项目。如果只分析一个小功能，这个判断方式问题不大，但如果一个功能或者产品涉及很多人，需要投入大量的成本，那么就需要我们对这个问题进行仔细的研究。

这是因为需求的数量级会直接影响我们的设计方案。例如，有 100 个人明天要从北京移动到上海，我们可以考虑飞机这种交通方式，但如果用户数是 100 万人，就得考虑火车、轮船等方式一起上。

最后，悟空通过数据查询得到了目标用户数量：每月在“寻他搜索”上搜索与电影相关的 query 的用户数是 200 万。

3．用户画像

在确定了用户数量后，就需要了解这些用户，这个步骤被称为用户画像。这个步骤可以帮助我们把我们并不认识的用户迅速变成我们熟悉的人。

用户画像有很多种方法，很多产品经理会依据经验进行画像，这部分产品经理用对用户的了解在脑海中完成用户画像。如果我们既不是特别有经验也无法与用户频繁接触，如何才能最快地了解我们的用户呢？

我们可以使用**特征法**。

其实人类对同类事物的判断都是用特征来记忆和理解的，如图 2-3 所示，我们很难记住他们的动作和眼神，却能很快记住这里有 3 **孩子**，两个**黑人**、一个**白人**。这就是特征的作用。

图 2-3

基于这个原理，如果我们能把用户的特征提取出来，就能把我们并不熟悉的用户转化成我们熟悉的，从而用最短的时间了解我们的用户，如图 2-4 所示。

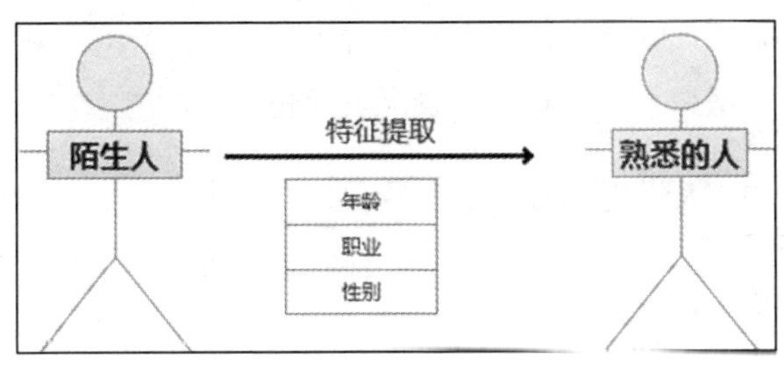

图 2-4

那么，我们该选择什么样的特征呢？年龄、性别和学历这三个特征是最有区分度的，也是大家最容易理解的特征。有了这三个特征，我们很容易将用户的形象在脑海中“画出来”。

如果只知道有一个用户搜索了一部电影，那么我们对这个用户是完全不熟悉的，但是如果能知道用户的年龄是 19 岁、性别男、职业是大学生，那么我们脑海中就一定会复现出一个我们熟悉的人。我们为这个人设计产品，就会感觉顺手得多。

可以依据表 2-1 所示的例子分出几个典型用户的类型。

表 2-1

年　龄	性　别	职　业	用户画像
19	男	大学生	大学生小王
28	女	金融公司白领	白领小丽
……			

4. 使用场景

完成用户画像后，还需要分析用户的使用场景，因为即使是同一个用户，在不同的场景下需求也是不同的。

例如，大学生小王在宿舍搜索某部电影的名字可能是想观看某部电影，但如果在公交车上搜索，就可能只是想查查这部电影的相关信息。

我们可以罗列出最常见的产品使用场景，使用场景结合之前的用户画像，就可以得到“一个熟悉的人+一个熟悉的场景”，自然而然就知道这个产品需要具有什么样的功能，如表 2-2 所示。

表 2-2

年　龄	性　别	职　业	用户画像	使用场景
19	男	大学生	大学生小王	在宿舍
19	男	大学生	大学生小王	公交车上
28	女	金融公司白领	白领小丽	下班前

5. 产品的主要功能

基于以上分析，我们对用户已经足够了解了，这时可以思考用户需要的究竟是什么功能。

很显然，这类用户需要的主要功能为观看电影的视频、查阅资料等结果。

6．对需求分析结果进行汇总

完成了以上分析后，悟空将结果汇总如下。

目标用户：使用寻他搜索产品，查询电影视频或电影资料的用户。

用户规模：日均搜索用户 10 万，日均搜索次数 20 万。

主要用户画像：公司白领、在校学生。

使用场景：在休闲时间进行观影娱乐、查询电影资料。

主要功能：在搜索结果中提供电影的视频播放入口和相关资料，让用户快速找到所求。

悟空将需求分析报告整理了一下发给了导师，完成了这个任务。

2.2 数据分析

需求分析完成后，悟空又接到了一个新任务：数据分析。

导师对悟空说，之前教了你关于需求分析的知识，是为了让你能对用户需求有一个大致的了解，但只对需求有大致了解对于产品经理来说是远远不够的。就拿搜索产品来说，你知道用户有通过搜索获取信息的需求，也了解大致的使用场景，但是究竟有多少用户对电影有这样的需求？其中想看视频的用户占多少？想查阅资料的用户又占到多少？这些都需要我们拿出数据，用最客观的态度和方法分析后得出结论。

如果说偏感性的需求分析是我们依据对用户的了解找到问题的答案，那么偏理性的数据分析就是通过分析数据挖掘真相。这两种分析方法思路不同，却能起到相互补充和支撑的效果。我们需要依据不同的情况选择不同的分析方法。

2.2.1 数据分析的主要思路

数据很客观、很强大，但是数据本身不会给出我们想知道的答案，其中蕴藏的宝藏需要我们挖掘后才能被发现。

首先介绍数据分析的主要思路：将现实中的问题简化成数字问题，从而寻找答案并给出解决问题的建议。

例如，图 2-5 所示的两首歌现在哪一首更流行？相信不同的读者会有不同的答案，而且彼此都能举出一些例子和依据，谁都说服不了谁。

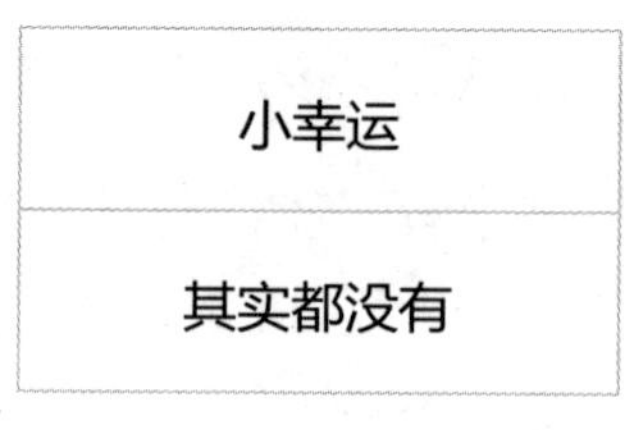

图 2-5

如图 2-6 所示，我们依据“整体搜索指数”对比，17270

大于 974，所以“小幸运”这首歌在这段时期更流行。

这就是“**将现实中的问题简化为数字问题，从而寻找答案**”的数据分析思路。

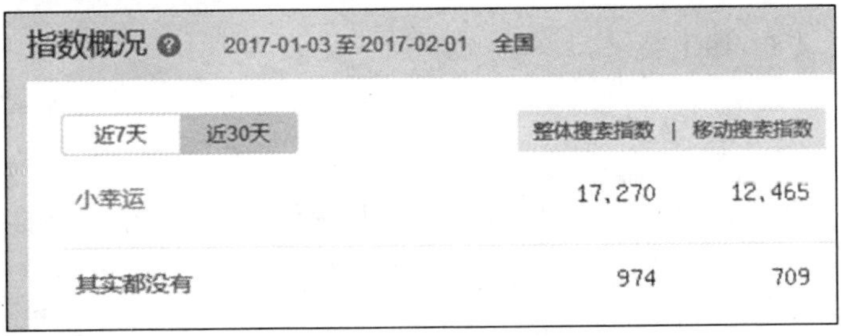

指数概况 2017-01-03 至 2017-02-01 全国

近7天 近30天

	整体搜索指数	移动搜索指数
小幸运	17,270	12,465
其实都没有	974	709

图 2-6

需要注意的是，数据分析只是工具，不是目的。我们进行数据分析是为了让分析结果能反映现阶段的情况，并对下一步计划产生指导意义，所以千万不要为了分析而分析。

2.2.2 数据分析的步骤

数据分析可以分为以下 9 个步骤。

（1）明确目标。

（2）明确分析范围。

（3）数据采集。

（4）数据清洗。

（5）数据整理。

（6）数据对比。

（7）原因探寻。

（8）输出结果。

（9）展现结果。

下面以悟空本次的数据分析过程为例，说明一个完整的数据分析是如何进行的，报告又是如何撰写的。

2.2.3 明确目的

明确的目的是一切分析的基础，在明确目的之前，不要开始任何分析，因为那很可能是白白浪费时间的无用功。

一般来说，目的主要有以下三种。

（1）分析现状，反映目前的情况，帮助我们制定下一步计划。

（2）分析问题，针对出现的问题进行分析，找出出问题的原因并找出解决办法。

（3）分析变化，当产品出现变化时反映变化情况。

悟空本次数据分析的目的是知晓目前电影类 query 的搜索结果对用户需求的满足情况。符合“反映目前的情况，帮助我们制定下一步计划”的定义，是一次典型的现状分析。

2.2.4 明确分析范围

当我们明确分析目的之后就可以着手选择分析范围。因为一个产品能分析的数据和维度非常多，明确分析范围能避免分析报告内容太多，杂而不专。

需要注意的是确定范围后我们就需要进行数据采集，但是具体要采集什么样的数据，不是用“自然语言”描述就可以的，需要具体到能用“数学语言”表达出来。

例如，悟空的分析范围锁定在用户搜索了与电影相关query之后的行为，但是这个范围的定义非常模糊。例如，与电影相关query如何定义？什么又算是搜索之后的行为？我们需要将自然语言转化为数学语言才能进行数据的收集。

最后悟空找到了一份所有电影的名称列表，确定凡是搜索词与列表中的电影名称一致就算是搜索了“与电影相关的搜索词”。然后又明确了用户在搜索之后直到关闭网页或下次搜索之前，在搜索结果页面进行的所有点击操作都算是用户搜索的后续行为。

2.2.5 数据采集

当确定了分析范围后我们就可以采集数据了，同样，需要采集哪些数据，也需要我们用“数学语言”表达。一般来说，需要采集的数据分为以下 3 类：名称、数量和转化率。

（1）名称：某些数据的结果不是以数字形式展现的，例如我们要收集本月上映的电影名称结果就是完全没有数字，只有名称的列表。

（2）数量：这个比较好理解，例如某个电影名称的本月搜索次数是 3 次，这个数据的结果就是 3。

（3）转化率：有些数据如果只是独立地看是无法说明问题的，例如我们想确定搜索结果的质量如何就不能只看搜索的次数或搜索结果的点击次数。需要将两个数据相除后得到搜索结果的点击率，然后将搜索结果的点击率当作搜索结果质量的评估指标。

悟空明确了分析目的和范围后，确定了以下需要收集的数据。

与电影相关的 query 搜索次数、每个 query 的搜索结果总点击率和第 1 条至第 5 条搜索结果的点击率，如表 2-3 所示。

表 2-3

query	上个月总搜索次数	第 1 条搜索结果点击率	第 2 条搜索结果点击率	第 3 条搜索结果点击率	第 4 条搜索结果点击率	第 5 条搜索结果点击率
古墓丽影	5 万	8%	5%	3%	2%	1%
独立日	2 万	11%	10%	8%	7%	3%

以上是一个分析中最基础的指标，但实际中分析搜索结果可能还需要进行得更细致一些。例如，查看用户切换 query 进行再次搜索的概率，若有这个行为，则说明搜索引擎没能正确识别用户意图，使用户还需要换一个词表达。又例如，通过眼动仪、鼠标轨迹可以看到用户对搜索结果的前几条是不是满意，这里只是举一个最简单的例子方便大家理解数据分析，对这块内容感兴趣的读者还可以自行进行进一步研究。

2.2.6 数据清洗

采集数据后，这些数据并不能立刻使用，因为还有一部分"脏数据"会污染我们的数据从而影响分析结果。这就需要进行数据清洗，将不符合要求的"脏数据"清洗出去。

例如，有一个用户一整天都在搜索一个搜索词，并且每秒固定搜索 5 次，那么很有可能这个"用户"其实是一个程序而不是一个我们需要分析的用户。这些数据我们需要清洗掉。

脏数据一般包含以下几种类型，大家可以顺着这些类型思考，在实际的工作中我们需要清洗掉哪些数据。

（1）频率异常：正常用户的使用频率一般会保持在一定的范围内，即不会太频繁。例如，如果我们手机端的数据中有位用户每秒固定搜索 1 次电影名，并持续了好几个小时，就需要将这部分数据洗掉（删除）。

（2）总数异常：我们都希望能通过数据看到普通用户使用产品的情况，但在某些情况下，会存在少数用户“单枪匹马拉高整个数据水平的情况”，例如 1 000 个用户平均每天进行 1 次搜索，但是忽然出现 1 个用户每天搜索 1 000 次。平均下来当天每个用户的搜索次数会上升至 100%，显然这样的数据不能代表普通用户的情况。

（3）行为异常：这类异常情况所包含的具体情况非常复杂，需要我们对业务有一定的了解后才能判断。例如，我们发现在所有电影中被搜索次数最多的是一部叫“时间”的电影，但是依据经验可以判断，绝大多数用户的搜索意图都不是该部电影，所以这部分数据需要排除。

2.2.7 数据整理

数据收集完成后，我们需要将收集到的原始数据进行分类整理，整理是为了下一步进行数据的对比。整理的方式分为汇总和拆分两种。

1. 汇总

有些原始数据比较散乱，需要我们按某个维度汇总才能进行效果的观察。例如，我们需要观察某个功能上线前后用户行为的变化，就可以按日期将上线前和上线后的用户行为数据分别汇总，然后得到两份数据并通过对比观察得出结论。

2. 拆分

有些原始数据并不足够细致，需要我们依据数据的关系进行数据拆分。例如，我们将某网站的访问量来源做拆分，就可以知晓某网站 50%的访问来源于搜索，还有 30%的访问量来源于微信。从而了解我们的用户是从哪里来的。

2.2.8 数据对比

数据准备好后就可以进行数据对比，这是数据分析最重要的步骤，数据分析中绝大多数的分析结论都是从对比中来的。例如，悟空本次分析的目的是评估关于电影的搜索结果质量，是电影相关搜索结果的点击率与其他搜索词搜索结果的点击率进行对比。通过对点击率的对比，我们就能得出一个大致的结论。这就是一种典型的对比的方法，即框定范围后收集相应的数据，然后将数据进行对比后得出结论。常见的对比方式有以下几种。

（1）时间对比。通过时间节点前后数据的变化对比得出结论。例如，如果发现网站举办促销活动时销量比平时要大，就可以得出促销活动能让销量增大的结论。

（2）空间对比。在真实世界中，不同的人因为生活空间的差异会有不同的行为，基于此我们可以通过空间区分不同的人群做出对比。例如，东北和海南是两个不同的空间，通过对比，我们发现在电商平台中，东北的用户购买羽绒服的频率比海南的用户高，于是我们判断羽绒服在东北比海南更畅销。

（3）人群属性对比。网站的用户数量很多，彼此间也有很大区别。例如，VIP 用户和普通用户对视频的质量和网站的服务期待也会不一样，一旦网站出现问题，VIP 用户的负面反馈会比普通用户多很多。

依据分析目的灵活地选定对比范围，能让我们从数据中挖掘到我们想要的东西。

2.2.9 原因探寻

通过对比数据可以知晓一些已经发生的现象，但是造成这些现象的原因还需要我们探寻。

这时可以采用“假设—求证”的方式对原因进行探寻，具体的方法是先假设一个原因，然后找到佐证证明我们的猜想是正确的。例如，我们发现大多数用户搜索了与电影有关的 query 后点击了搜索结果中视频网站的链接。基于这个现象，我们可以做一个假设：大多数用户搜索与电影有关的 query 是为了观看电影。为了证明这个假设，我们开始寻找相应的佐证。在对用户行为进行持续跟踪后我们发现 80%的用户通过搜索结果进入视频网站后进行了观看电影的行为。基于此现象，证明我们“大多数用户搜索与电影相关的 query 是想要看电影”的假设是成立的。

2.2.10 结果展现

当我们完成以上步骤时，一份数据分析报告也就基本完成了，这时我们需要将结果整理成一份报告展现出来。

可以将报告分为 3 部分。

（1）数据分析背景：向大家交代分析的背景与原因。

（2）主要结论：给出主要结论，方便不需要了解细节的人阅读。

（3）具体分析过程：向大家说明分析的步骤并展现数据。

在这里强调主要结论部分，一般来说，有两种人会查看数据分析报告。第一种人看到结论之后觉得结论很符合自己的认知，对结论完全认可，可能就不需要再往下看了，但另一部分人对我们的结论并不完全认可或带有疑问，这部分人就会继续阅读自己觉得有疑问的部分。在撰写时有意识地将结论与分析过程分开，将极大地提升我们报告的可读性和逻辑性。

悟空遵循着上文中提到的步骤和方法，很快写好了一份数据分析报告，报告的具体内容如下文。

关于电影相关 query 搜索结果质量的数据分析报告

主要结论：目前，电影相关 query 搜索结果并不能很好地满足用户需求。

具体分析

（1）数据来源：取最近半年的数据（从××年 5 月 1 日至××年 12 月 1 日）中与电影相关的 query 的搜索结果点击率数据用于分析。

（2）用户规模：日均用户数 10 万，搜索次数 15 万，占网站所有搜索行为的 1.7%。

（3）点击率对比：去掉脏数据后，电影相关 query 搜索结果前三位点击率如图 2-7 和表 2-4 所示，与同期所有搜索结果点击率和书籍搜索结果点击率相比，电影相关 query 搜索结果点击率较低。可见目前电影搜索结果并不能满足用户需求。

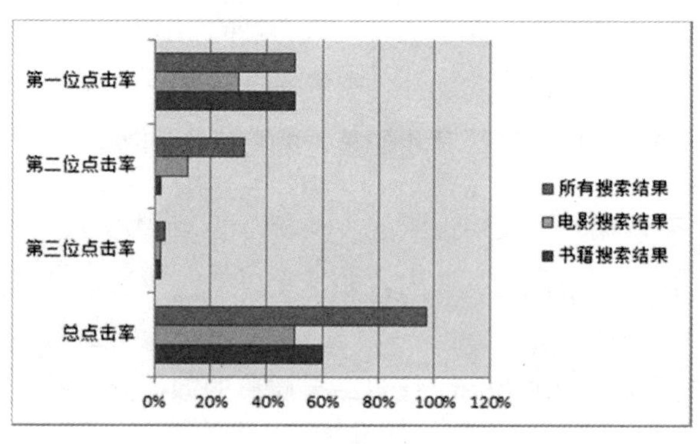

图 2-7

表 2-4

	电影搜索结果	总搜索结果	书籍搜索结果
第一位点击率	30%	50%	50%
第二位点击率	12%	32%	2%
第三位点击率	2%	4%	2%
总点击率	50%	97%	60%

对业务方向的建议

目前电影搜索用户数较多，影响面较大，但用户需求并不能得到很好的满足。建议新增专门的搜索结果模块，优化用户体验。

最后附上原始数据

这一步是为了方便对数据分析结果存疑的同事做进一步分析，最好在报告的最后附上原始数据或数据来源，可以附上网址，也可以附上包含原始数据的Excel。

2.3 竞品分析

悟空做完数据报告分析后，觉得自己对用户的了解又增进了，于是找导师说自己是不是可以进行功能设计工作了。导师说在进行产品设计之前还有一个不能被省略的步骤，当完成这个步骤后才能进行产品设计。

竞品也花了大量的心思来研究用户，并给出解决方案。正所谓他山之石可以攻玉。研究竞品表面上是在分析对手，但实际上通过对竞品的调研，帮助我们对自己的用户有了更深入的洞察。

完整的竞品分析报告由以下几个部分构成。

1. 分析报告背景

2. 竞品选择

1）竞品选择方式

2）竞品数量

3. 分析报告的具体内容

1）竞品定位

2）竞品市场规模及变化趋势

3）竞品的主要功能

4）竞品运营情况

5）竞品的商业模式

6）竞品分析对我们的借鉴意义

1. 分析报告背景

任何分析报告都需要有背景说明。因为并不是所有的报告阅读者都会了解报告的背景情况，所以我们需要在报告的一开始就交代清楚，以方便大家对报告内容的理解。

竞品分析的背景主要分为两类。第一类属于主动分析型，在我们计划启动某个项目前，需要了解目前市场上的竞品情况，了解其优缺点是什么。哪些地方我们可以借鉴，哪些错误需要避免，从而扬长避短，实现弯道超车。

第二种属于被动防御型。在我们的竞争对手推出某款产品时，我们需要知道产品的情况，从而做出相应对策。这就需要我们对竞品的产品进行分析。

悟空的这份数据分析报告属于第一种。即在计划启动某个项目前对竞品进行分析，希望分析结果能对设计起到辅助作用。悟空在报告的一开头交代了背景。竞品分析背景：由于目前关于电影的搜索量较大且用户需求无法得到较好的满足，需要对搜索结果进行优化。为了解市场情况并对设计进行指导，故进行竞品分析。

2. 竞品选择

有些情况下，由于产品的竞品非常明显（例如美团外卖的竞品是饿了么外卖），这个竞品选择的步骤可以舍去，但是有时市场非常混乱，需要我们进行分析后选择分析的对象。

1）竞品选择方式

可以通过填写表格的方式列出潜在竞品的主要情况后选择需要分析的竞品。

悟空的这份竞品分析报告把目前市面上能提供此类功能的产品的大体情况列举出来，包括产品名称、主要功能、规模、优势和劣势，从而对这类产品的现状有了一个大体的认知，如表 2-5 所示。

表 2-5

名称	主要功能 1	主要功能 2	规　模	优　势	劣　势
豆瓣	电影打分	电影评论社区	国内最大的电影评论社区	用户黏性高、UCG 能力强	无法购买电影票、无资源
猫眼电影	电影票选座购买	电影预告片观看、评分评价查看	国内最大的线上购买平台	选座、购票功能完善	评论、打分质量一般
美团网	团购电影票	—	最大的 O2O 平台	便宜	购买体验一般、电影资料查阅体检较差
视频网站	观看电影视频	—	—	线上观看电影较方便	由于版权限制，电影并不全

2）竞品数量

如果是为了分析对手的新动作进行的被动竞品分析，分析的目的是知悉某个具体竞品的情况，一般只需要分析一个竞品就够了。

如果想了解某个市场而进行竞品分析，为了兼顾报告的全面性，分析 2~3 款竞品比较合适。

悟空经过思考，认为自己的产品的目标人群是需要观看电影娱乐和对电影信息获取的人。通过以上分析可以得出结论，本次的主要竞品是视频网站，次要竞品是豆瓣。于是竞品选择就算完成了。

3．分析报告的具体内容

1）竞品定位

竞品定位包含两部分，第一部分是这款竞品的目标人群，第二部分是这款竞品主要能满足的需求。

每个产品在诞生之前都会有清晰的市场定位，这个定位可能随着产品和市场的发展改变，但一定是明确的。所以，当我们分析竞品时，首先需要了解它的定位，这样才能对竞品的功能、发展有更明确的认知，从而知道竞品为什么这么做，为什么具有这样的功能，如表 2-6 所示。

表 2-6

名　称	目标人群	竞品主要能满足的用户需求
豆瓣	对电影感兴趣、需要进行社区讨论的文艺青年	对同一主题（电影）的表达、浏览、社交需求
猫眼电影	需要便捷购买电影票的观众	通过购买电影票、观看电影满足娱乐
美团网	对价格较为敏感的电影票观众	通过购买电影票、观看电影满足娱乐
视频网站	用电子设备观看电影的观众	观看电影视频进行娱乐

我们可以看出豆瓣电影与猫眼电影、美团网三款产品满足的主要需求是不一致的。

2）竞品市场规模及变化趋势

确定了定位和主要功能后，需要了解竞品的规模和变化趋势，以便对竞品的发展情况有一个大致的了解。为了达到这个目标，我们可以分别列举竞品的用户数及营收流水的目前规模和增长率，如表 2-7 所示。

表 2-7

	日活跃用户数（万）	日活跃用户数年增长率	日流水（万）	日流水年增长率
视频网站	80	73%	9	300%
豆瓣酱	90	2%	-	-

3）竞品的主要功能

当我们圈定主要竞品并了解其市场规模后，可以重点分析竞品的产品功能。

可以通过表格和产品主流程图的方式说明竞品的功能，如表 2-8 所示。

表 2-8

功能名称	描　　述	备　　注
视频播放	包括播放中基本的快进、拖动进度条、全屏播放功能	——
视频下载	用户可在 PC、无线端设备上通过客户端进行下载	——
清晰度调整	由于不同用户的网速差异较大,可以通过调整清晰度实现流畅播放	某些高清晰度视频需要付费才能开通
优质稀缺资源付费观看	网站建立了付费体系,某些优质资源只能付费后观看	——
个性化推荐功能	提升用户点击率	——
搜索功能	方便用户寻找到自己需要的资源	——
电影资料功能	展现电影资料，为用户提供参考	——
打分、评论功能	用户可对电影进行打分评论	内容质量一般

将竞品的主流程图画出来，如图 2-8 所示，就能知道竞品的主流程是什么结构。

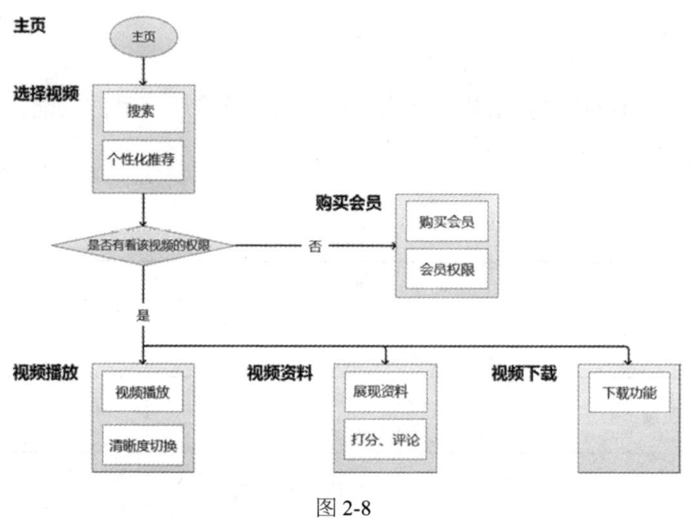

图 2-8

4）竞品运营情况

运营主要有两个工作，即拉新和留存。运营工作不是产品经理的主要职责，会由公司的运营人员负责，但这并不意味着产品经理可以完全不了解竞品的运营。恰恰相反，分析竞品的运营方式是竞品分析中非常重要的一部分。

通过对竞品运营方式的分析，能大概知道产品的受众是如何接触到产品，产品又是用什么运营方式辅助主要功能把用户留住的。

这不仅会让我们脑海中的用户画像更准确，还能直接减少我们在进行产品设计时遇到的盲点。

经过调研，悟空发现竞品视频网站的用户来源和留存方式如下。

用户来源

（1）40%的用户在搜索网站搜索视频后跳转到该网站。

（2）30%的用户通过 APP 市场的广告转化为该视频产品用户。

（3）25%来自用户的主动访问。

（4）剩下 5%通过用户间自传播。

用户留存

该网站的视频资源非常全，用户通过几次搜索进入该网站后会形成“该网站的视频很全，什么视频都能找得到”的认知，之后需要寻找视频时会进行主动访问，逐渐成为该网站的忠实用户。

5）竞品的商业模式

只了解用户是不够的，任何互联网产品要生存就面临着营利的问题，所以我们就得了解这款 APP 是如何赢利的，赢利的模式是什么，主要收入来源是哪里。

注意：这部分数据往往是网站的核心数据，除非是上市公司主动发布财报，否则非常难获得，只能凭借经验和其他数据进行推断。

还好该公司已经上市，悟空通过财报得知 2015 年该公司流水 7000 万元，其中会员费和广告收入各占 50%，毛利润达到 900 万元。

6）竞品分析对我们的借鉴意义

经过以上分析，悟空觉得视频内容数量是整个项目成败的关键。如果我们有了足够的视频内容，项目的成功概率就会很大。于是悟空把这个结论当成下一步计划写了进去，整个竞品分析报告就算完成了。

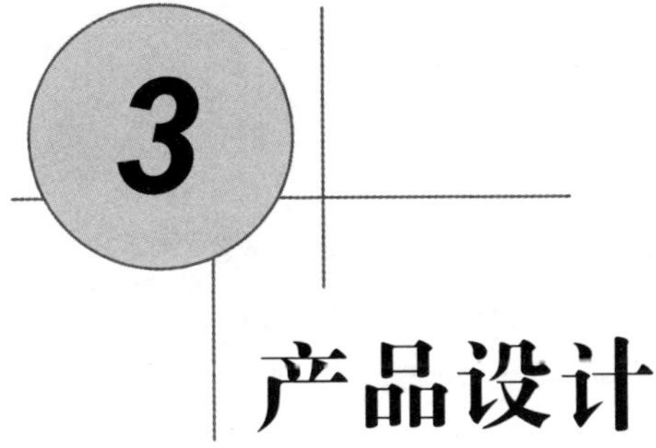

3 产品设计

3.1 产品的功能设计

在悟空完成了需求分析、数据分析和竞品分析后，终于可以开始产品的功能设计了。接下来，悟空需要将本产品所具有的功能设计出来，然后进入开发阶段。

那么，功能设计将如何进行呢？一般来说如图 3-1 所示。

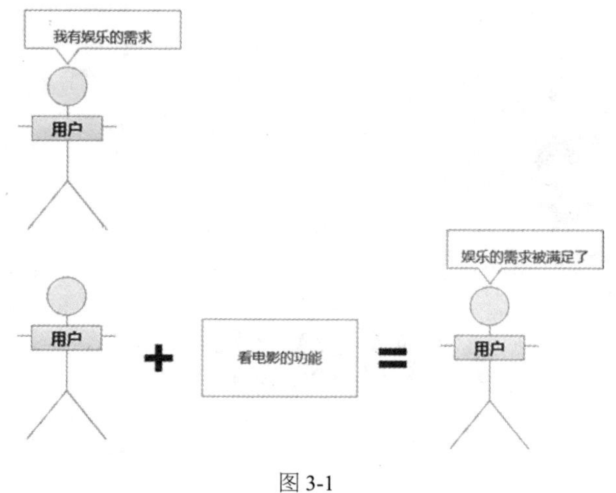

图 3-1

功能设计有如下几步骤。

（1）确定功能和对应的优先级。

（2）拆分成子流程。

（3）合并子流程。

（4）添加子功能。

（5）删减功能中的步骤。

（6）资源评估。

（7）功能的细节考虑。

1）确定功能和对应的优先级。从需求出发，先把原始需求与用户需要的功能一一对应，然后依据功能的用户数和重要性排出优先级。

例如，在悟空将要做的这个项目里，用户实际上有两个需求，一个是主要需求：娱乐，对应的功能是观看电影；另一个是次要需求：获取信息，对应的功能是查询电影相关资料，如表 3-1 所示。这两个需求需要用不同的功能实现。

表 3-1

用户原始需求	对应功能
娱乐	观看电影
获取信息	查询与电影相关的信息

2）拆分成子流程。功能确定后会再被拆解成子流程，用户可以按照流程一步步使用功能，从而满足自己的需求。

主要需求功能设计可以分为以下几步。

（1）输入关键词搜索。

（2）浏览搜索结果。

（3）点击搜索结果中的视频链接。

（4）开始观看视频。

次要需求功能设计也可以分为 4 个步骤，如图 3-2 所示。

（1）输入关键词搜索。

（2）浏览搜索结果。

（3）点击搜索结果中的资料结果。

（4）开始查看资料。

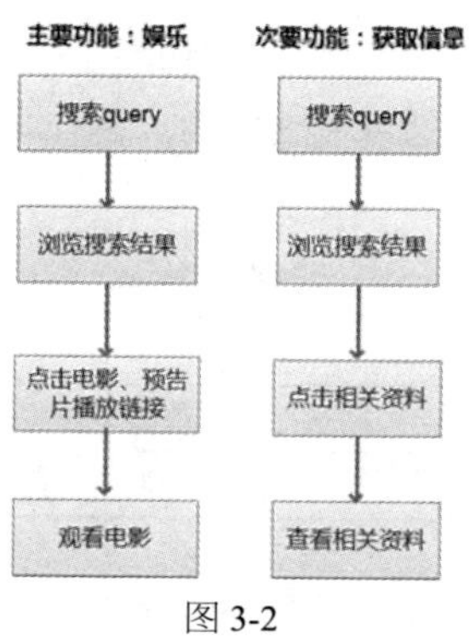

图 3-2

3）合并子流程。做完拆分成子流程这一步后，我们发现查询功能和观影功能的前两步流程几乎一模一样，于是可以考虑将它们合并，得到如图 3-3 所示的结果。

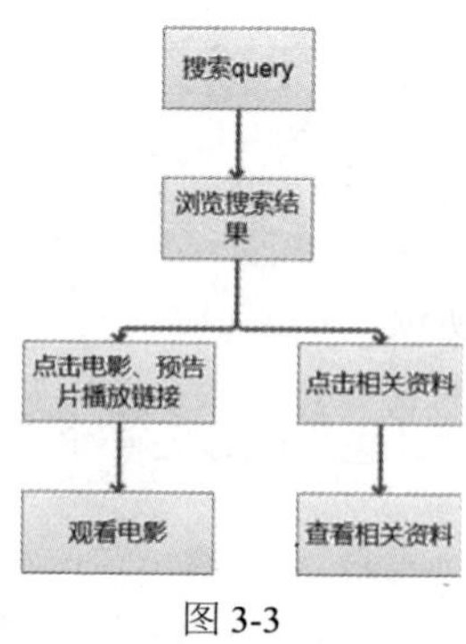

图 3-3

4）添加子功能。当我们将主要的功能框架整理完成后，可以再考虑每个功能更细化的子功能。设计子功能，思考的顺序依然是从需求出发，然后思考每一个子流程需要什么样的功能。

我们发现在用户观看电影时，用户的需求为娱乐，所以用户并不一定需要通过指定的某一部电影进行娱乐，只要是用户喜欢的电影，其实都可以满足用户的这个需求，而且某些电影可能会比用户搜索的电影更能满足用户的需求，所以我们需要向用户推荐其他电影。当然，为了提升推荐的成功率，选择与用户搜索的电影相关的电影进行推荐，可以推荐相同类型、演员或导演的电影。

同样，我们也可以向用户推荐电影资料，而不是被动等待用户查找，如图 3-4 所示。

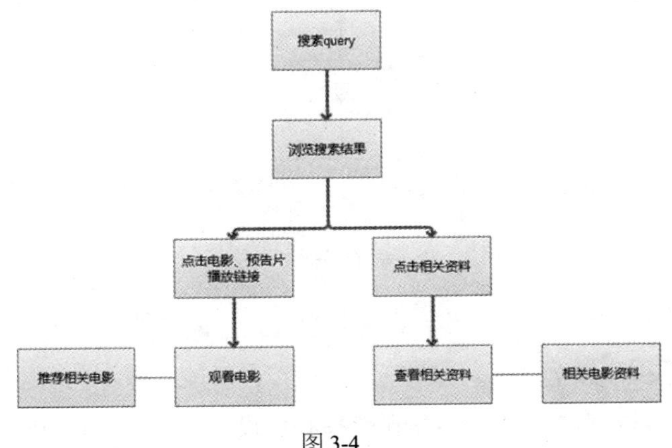

图 3-4

设计到这里，请读者回想一下本书关于需求的内容，可以更深刻地了解分清需求的功能的重要性。试想一下，如果没有意识到用户的需求是娱乐，误把“看某部电影”当成用户的需求，就不容易系统化地想到可以通过推荐其他电影满足用户需求。

5）删减功能中的步骤。当产品的功能被整理得差不多时，我们就可以思考如何对功能步骤进行精简。一般来说，每个流程都会损失一部分用户，所以需要想办法将流程减少到极致，例如亚马逊的“一键下单”，只需要单击一个按钮就完成购买，这就是一个将产品功能简化到了极端的例子。

在这一步可以考虑直接在搜索结果页面中提供搜索电影和相关电影的链接，让用户一键播放，无须再进行额外的操作，如图 3-5 所示。

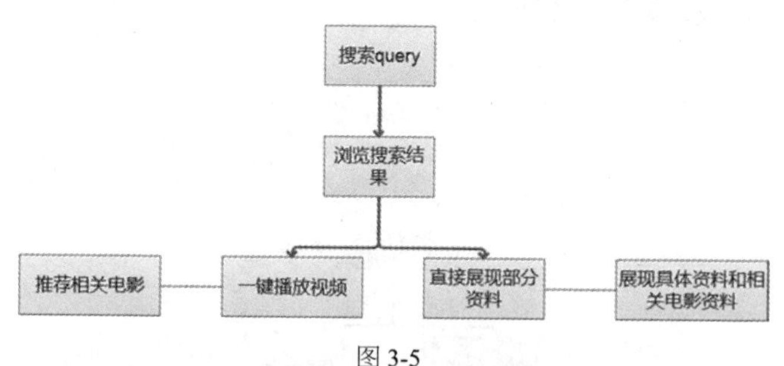

图 3-5

6）资源评估。设计到这一步时，产品功能基本上已经被考虑得比较全面了，但是在设计完产品功能之后，我们还需要评估是否有相应的内容资源支持我们设计的功能，如果没有相应的内容资源支持我们的功能，那么这个功能就需要被砍掉或者换一种方式实现。例如，没有电影播放的免费资源，就只能把“一键播放”功能砍去，用“转到相应网站，让用户付费观看”的功能替代。

7）功能的细节考虑。在现实生活中，用户不可能按照我们理想中的状况使用产品，而是会出现各种没能预料到的情况，例如用户会在搜索时输入错别字或者干脆将电影名称记错，这就需要我们在进行功能设计时考虑到各种情况。比较常用的梳理方式是：在产品的每个使用阶段都去猜想用户可能的行为，然后针对这些行为设计功能，当然如果觉得发生某种行为的概率和影响实在太小，则可以在设计时直接忽略这种可能。

在设计功能时，一定要分清主次：哪些功能是我们满足需求的必经之路，哪些功能只是锦上添花的点缀。我们需要先把主要功能设计完成，之后再考虑次要功能，千万不要沉迷于设计次要功能而不能自拔。要知道对一个需求是移动的用户来说，一只即使长得再漂亮的猫，也比不上一匹外貌不扬的马。

例如悟空设计的这款产品，“视频播放功能”是主要功能，是需要实现的，而电影主演者的履历和近况是次要功能，有固然好，但并不是非实现不可。

完成这一步后，产品功能设计就算完成了，按照功能设计开发出来的产品已经达到了能用的标准，接下来还需要进行交互设计，让产品从能用变成好用。

3.2 交互设计

在经过大量逻辑化的思考后，功能设计终于完成了。接下来，我们需要转换思路，将思维从理性的思考模式切换成感性的思考模式，因为我们要进行交互设计。

功能设计是设计一个产品的里子，而交互设计则是设计一个产品的面子。例如我们要设计一个锁，那么这个锁该如何锁住、如何防止被小偷撬坏是功能设计需要考虑的内容，用户不需要看到，甚至不需要了解。如何让有钥匙的用户顺利地插入钥匙、顺利地打开锁就是交互设计需要完成的任务，如图 3-6 所示。

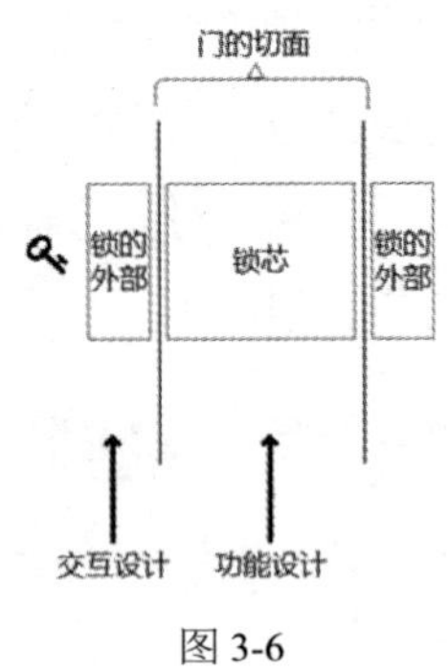

图 3-6

1．交互设计存在的意义

在互联网刚开始发展时，交互设计并不受到重视，因为在当时互联网的普及程度非常低，互联网产品还在“拼功能”的阶段，能用就好了，还顾不上好不好用。所以交互设计并不被重视，大多数互联网产品需要用户具有一定的计算机操作技能，甚至经过学习才能熟练使用。

微软公司最早的操作系统之一 DOS 系统就是一款“能用但不好用”的产品，如图 3-7 所示。

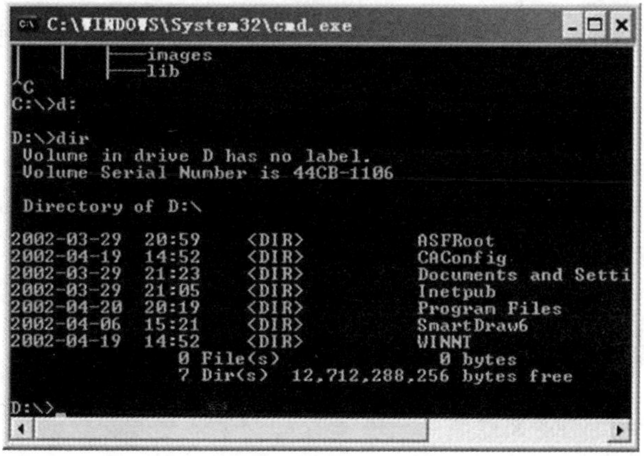

图 3-7

直到后来，随着互联网的不断发展，产品的易用性变得越来越重要，终于交互设计变成了互联网产品设计中不可或缺的一部分。良好的交互设计能有效提升用户使用产品的效率和体验。

微软公司最新的操作系统 Windows 10，如图 3-8 所示。

图 3-8

就像锁最初诞生时也不是那么好用一样，那时“锁”这个产品也就处于能用就行的阶段，直到大规模普及后，需要让大量未经训练的用户使用，这时交互设计才被重视起来。

2. 产品交互的本质

交互的定义是两个或多个互动的个体之间交流，使之互相配合，共同达成某种目的。

所以，在做交互设计之前，得理解交互设计的目的，它是帮助用户和产品相互理解并发出下一步指令，最终顺利地配合完成任务的设计。好的交互设计可以为用户的每一步操作给出引导和反馈，及时让用户知道现在的情况，也能引导用户进行下一步操作，如图 3-9 所示。

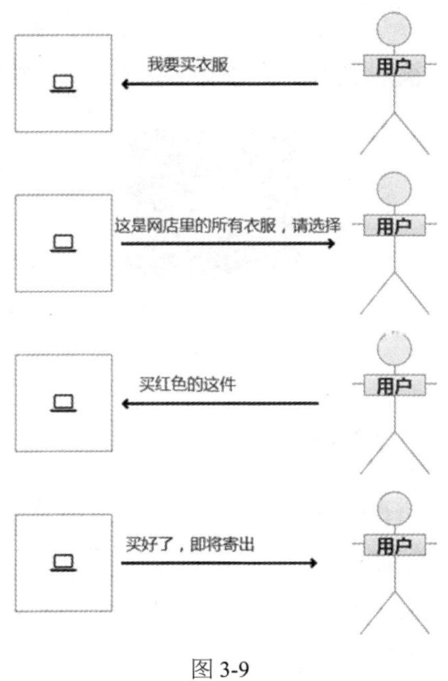

图 3-9

当然，目前只有极少部分互联网产品是通过对话与用户沟通的，绝大多数产品是使用“交互语言”和用户进行沟通的，计算机通过接收用户的点击、输入等操作“倾听”用户的要求，用图像、声音进行“表达”，而人类则通过观看图像、听声音等方式“倾听”，用操作、输入等方式“表达”。

所以我们进行交互设计时需要牢记，交互设计的任务是让用户和计算机相互理解，从而让用户更高效快捷地完成操作。

如图 3-10 所示，微信 APP 通过角标告诉用户“你有新的微信消息”，用户点击微信图标表示“打开给我看看”，然后微信中的新消息被展现出来，这就完成了一次人机交互。

图 3-10

3．交互设计图的形式

交互设计图有两种形式，一种是图文说明，即在一张图中展现交互关系。如图 3-11 所示，图文说明使用箭头将页面之间的关系表达出来，并用标注+文字说明的方式将页面中的各个模块介绍清楚。悟空的这个项目就采用了这种形式。

另一种是在 Axure 中做出高保真的网页，研发人员可直接点击操作的网页观看交互效果。

这两种形式并没有高低之分，使用哪一种取决于公司的规范和个人习惯。

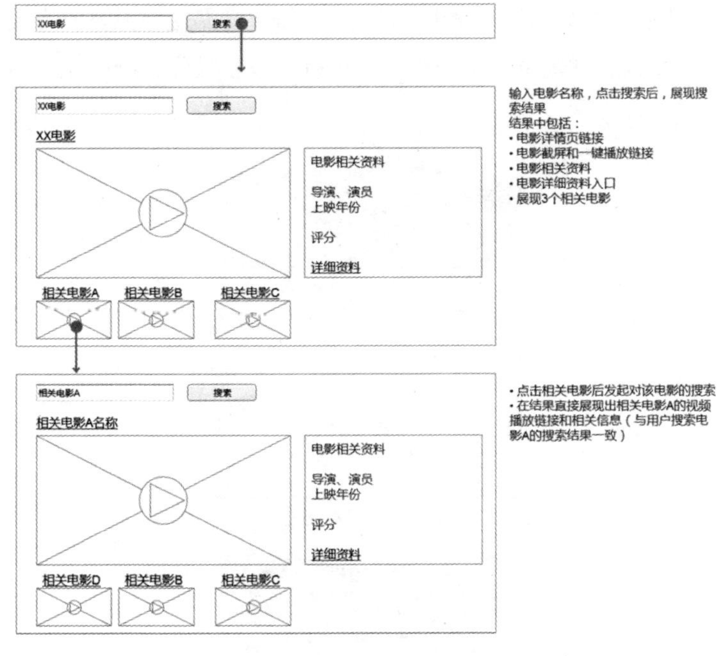

图 3-11

4．边界情况

在用户对产品进行操作时往往不会如理想一般每次都操作正确，有时会出现错误的情况。例如，密码输入错误或者结果为空，甚至系统出错的情况。这类偏离设计中的情况又被称为边界情况，在设计中需要特别考虑，看看如何提示用户将因用户操作错误引起体验的损失降到最小，并引导用户使用正确的方式进行操作。

图 3-12 所示为滴滴出错的提示画面，产品使用弹窗的方式提示用户，并提供选项引导用户进行下一步操作，继续完成叫顺风车的功能。

图 3-12

5. 交互设计标准化

交互设计无论是设计形式还是设计结果都非常像绘画，所以一些经验不是很充足的产品经理或者交互设计师在进行设计时常“诗意大发”，把这一步当成艺术创作的过程，常常画出一些“脑洞大开”的设计。事实上，设计和创作是两码事儿。优秀的设计，特别是工业设计往往是去个性化的，设计只注重效率和标准化，而不是创作者情感的表达。

那么，如何做好交互设计呢？答案就是“标准化”。

在 2010 年 iPhone 4 刚发布时，互联网产品的交互设计还处于刚起步的年代，大量的交互设计标准还没有形成，交互设计更多依赖的是设计师的个人经验和水平，所以出现了大量的交互设计创新。5 年后，经过行业的不断发展，PC 端的交互形式已经基本定型，而更复杂的无线端交互则在被 Google 和苹果公司不断制定行业标准后，逐渐形成了比较规范的状态。

如今，产品经理在进行交互设计时，要尽量按照行业规范进行设计，不要为了创新而创新。因为目前基本上所有的交互形式都已经规范化，特别是用户经过了近 10 年的学习和被教育的过程，交互习惯已经形成，这时贸然打破常规会让用户手足无措。遵循用户的交互习惯能大大降低用户的学习成本。用户用得最流畅的，才是最好的交互设计。

想象一下，如果一个产品的“返回”选项放在屏幕的右上角（如图 3-13 所示），用户会是什么感觉？

所以当产品经理要进行交互设计时，不妨到 Google 和苹果公司的官网找到交互设计规范好好研读一番（这两个公司的交互样式和规范也越来越相似），相信通过欣赏经典范例，产品经理的设计水平能得到不小的提升，同时对交互设计会有更深刻的理解。

图 3-13

6. 交互设计的 11 种状态

当然，两份手册不可能涵盖所有交互设计的知识，因为涉及不同的需求、场景和用户特点，这些千变万化的特征组合起来让具体的交互变得非常复杂，我们需要长期积累，不断思考才能逐渐熟练。

目前市场上交互设计的教程不少，但大多是对某些项目的具体总结，极少有能系统性将各个交互状态之间的关系和具体的设计都说明清楚的。

在这里用“小明用 APP 买电影票”举例，列举最常见的 11 种状态的交互，希望能帮助读者对交互设计的状态有一个系统性的认识。

1）等待状态，当小明打开 APP 时最开始遇到的状态

这是用户在使用产品时遇到的第一种状态，由于技术的限制，多数 APP 在打开时会有 1～2 秒的 loading（载入）时间。又或者在 APP 的使用过程中，某项运算、载入工作需要等待一段时间。

在无法减少用户等待时间的前提下，可以通过降低用户对时间的敏感度来减少用户对等待的厌烦感。常用方式有以下两种。

（1）展现内容让用户阅读。

展现可阅读内容让用户转移注意力，内容可以是 APP 的宣传画、简单的动画或者广告，目前 APP 的启动页面大多采用的是这种方式。

这种方式并不是在所有场景下都适用，如果需要用户等待的时间较长也会存在问题。以用滴滴打车 APP 叫车后的等待时间为例，用户观看完内容后（只需要 1～2 秒）会陷入烦躁状态，因为用户不确定系统在执行任务还是已经崩溃了，这时跳出率会非常高。

（2）展现 loading 进度。

当需要用户等待时间较长（一般指 2 秒以上）的时候，就需要我们用展现 loading 进度的方式解决这个问题，让用户知道产品并没有“卡死”，也让用户对还需要等待多久有个预期。

如图 3-14 所示，微信朋友圈新内容的载入时间较短，所以用专用的圆形彩色图标告诉用户正在加载，稍等一下。如图 3-15 所示，当需要用户等待的时间比较长时，则可以用百分比显示进度。

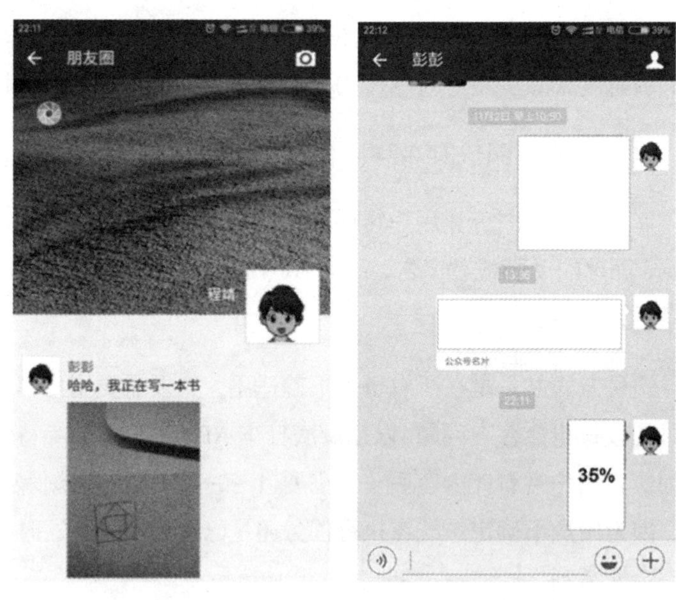

图 3-14　　图 3-15

2）初始状态，APP 终于打开了，小明会看到一个初始界面

这个界面的交互设计比较麻烦，因为在初始时我们不知道用户想要做什么。

有两种方法可以解决这个问题。第一种是被动地收集信息，例如网易云音乐依据用户之前的操作记录给用户推荐即将播放的音乐。如果是新用户，没有用户的任何信息，则推荐给用户“最可能喜欢的内容”即可。滴滴打车的自动填写出发地用的也是相同的思路。

第二种是采取主动向用户询问的方法，在一开始就询问用户的喜好，从结果中给用户推荐内容，如图 3-16 所示，豆瓣采用的就是此类办法。

无论采用哪一种办法，都是为了预测用户下一步的动作。减少用户的操作步骤是在初始状态需要解决的问题。

3）输入状态，小明打开了输入框输入自己感兴趣的电影名称

输入是一件成本极高的事情，不到万不得已最好避免这个步骤。微信的出现和火爆证明了相比用手机打字，发语音是大家更愿意做的事情，虽然这样对于信息接收者并不友好。

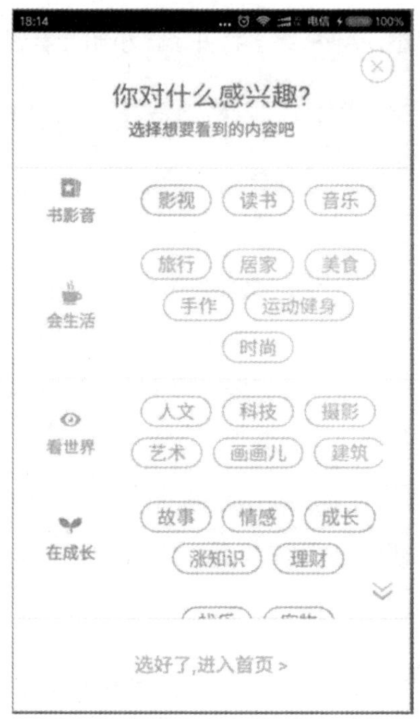

图 3-16

那么，既然用户输入的成本那么高，我们就得想办法减少用户输入的成本，大幅度提升用户体验。

最能降低输入成本的方式就是不用输入，当我们掌握了足够多的信息时，可以主动帮用户填写好他之前已经填写过的账号或者提供备选项，让用户用点击备选项的方式代替输入。如图 3-17 所示，百度在输入框展现搜索历史，让用户能通过点击搜索历史替代打字输入行为。

并不是所有的场景都能帮助用户输入。例如，我们不能帮用户输入密码，否则就会出现安全问题。当无法避免让用户输入时，可以退而求其次，改变输入形式提升效率，如图 3-18 所示，手势解锁、指纹解锁都比输入文字的成本低得多。

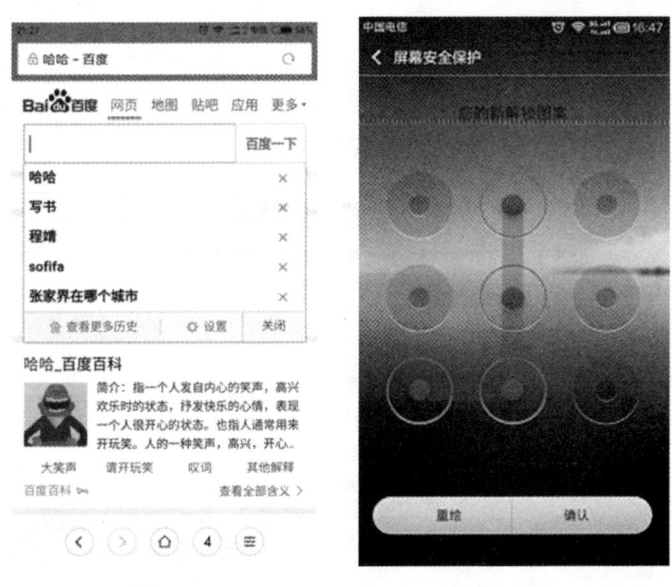

图 3-17　　图 3-18

最后，如果输入实在不可避免就一定得适时帮助用户保存输入的结果，不能用各种理由让用户背负上重复输入的成本。例如，有道云笔记、微博、朋友圈等产品会对用户的输入内容进行保存，以防止用户被迫重复输入。

4）小明发现搜索结果为空

空状态就是什么都没有。这是一种非常糟糕的交互状态。这意味着用户需要返回上一步，再次进行操作，既会增加用户的心理负担，又会增加用户的使用成本。

所以如果出现结果为空的状态，最好有替补方案。如图 3-19 所示，小明输入了一个并不存在的电影名称，那么我们可以推荐最近的热门电影来替代空的结果。

图 3-19

5）小明更换搜索词后搜索结果出现了

这是一种比较理想的结果。在这种情况下，我们需要将数据用合理的排序方式展现出来，使用户能尽快进行下一步操作。

例如在这里优化排序，将正在上映的热门电影排在最前面让小明尽快找到需要的电影，从而进入下一步操作。

6）过多数据

在绝大多数情况下，过多的数据对用户来说是一种干扰。用户并不需要那么多结果，所以当数据过多时，我们需要分两步对数据进行处理，首先会优先展现用户最可能需要的结果，其次是采用排序的方法展现其他的结果供用户选择。

图 3-20 所示为选择城市的界面，优先展现了定位城市和热门城市两个模块，随后是按照字母顺序展现其他结果，再结合搜索功能就能完成对过多的数据的基本处理。

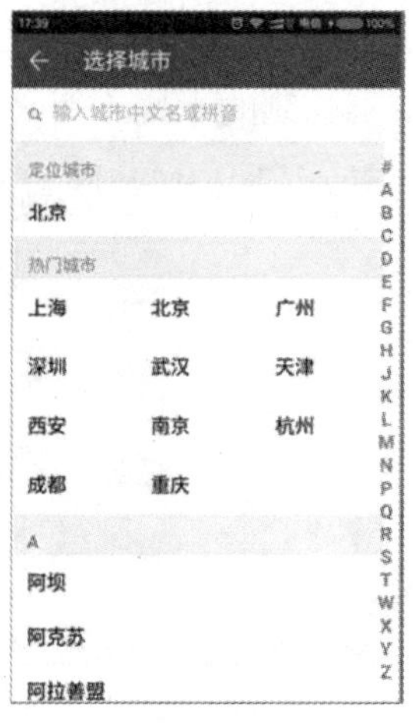

图 3-20

但有时仅仅有我们推荐的结果是不够的，当结果多到一定量级时，就需要考虑用筛选的方法让用户进一步缩小寻找和比较的范围。

最典型和常见的就是在淘宝上搜索商品时会有海量结果。若无法判断用户所需，就可以选出几个用户最在乎的维度作为筛选项，从而帮助用户快速找到想要的商品。

7）关注状态。小明选择了感兴趣的电影后，点开了预告片开始观看，进入了关注状态

关注是一种比较特殊的交互状态。因为这个时候用户已经停止了与产品互动，但是依然关注着产品，我们需要帮助用户保持关注状态不受干扰。

最典型的处理方式就是在用户进入关注状态时不要锁屏。

但如果一定要受到强制的干扰（例如有电话打过来），就需要我们保存当前状态，让用户快速回到之前的状态进行关注动作，如图 3-21 所示。

图 3-21

8）错误状态。小明再次进行搜索，却记错了电影的名称

错误状态很让人厌烦，将错误状态转换成正确状态需要花费用户大量的时间和精力。

最好的处理方式是能主动修正，当出现错误状态时我们能直接帮助用户修正错误。例如，用户输入了错误的电影名称，而我们有能力识别错误并判断什么是正确名称时，就可以主动地帮用户修正。

需要注意的是，主动修正时需要提示用户，并给用户选择不被修正的权利。如图 3-22 所示，在界面上方显示了帮助用户修正的结果（这个用户输入“独立”两字并搜索，但实际上用户想搜索“独立日”，系统主动帮助用户进行修正并提供了不被修正，依然搜索“独立”两字的选项）。

图 3-22

有时是不能主动帮助用户修正错误的。例如，错的用户名或者密码错误我们是不能帮助用户修正的。这时我们需要明确地告诉用户究竟错误是什么，并且需要给用户指明修正方式。

如图 3-23 所示，APP 界面中登录失败，原因有可能是账户不存在、密码错误或验证码错误。简单地提示错误，不如明确地提示“账号不存在”，大幅度减少用户的操作成本。

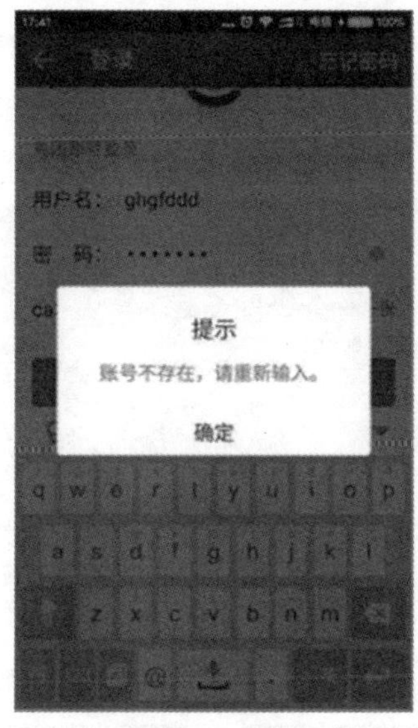

图 3-23

9）待确认。小明进行了删除操作，系统等待小明确认是否删除

人都会犯错误，可能会进行一些自己并不希望进行的操作。所以当接到用户的指令时，我们不能立刻处理所有指令，有些指令需要谨慎。特别是无法反悔并且可能是误操作的情况下，我们都得多问用户一句，你确认吗？最常见的操作包括删除内容和解除关联。

业内比较成熟的做法是使用弹窗完成这个交互。值得注意的是文案需要写清楚。选项最好不要是“是”或者“否”，最好是某个动作，例如“解绑”“删除”“取消”。

图 3-24 中“放弃”和“继续”两个选项就是很好的文案，试想一下，如果选择是“是”和“否”，用户就得多想一步，点击“是”和“否”会发生什么事情。曾经见过一个文案为“删除后无法恢复，是否不要删除”，选项为“是”或“否”。这对于用户来说简直是一场灾难。

10）结束

当用户完成了操作，需求已经被满足时，实际上就是一种结束的状态。这时可以向用户提示，他可以关掉这个 APP 了。例如，当我们用微信完成支付后，微信会出现支付成功的页面，如图 3-25 所示。

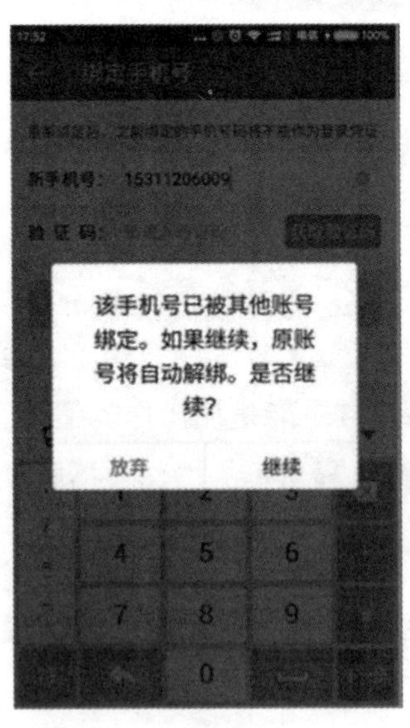

图 3-24

图 3-25

如果某个动作非常简单，而且完成状态能让用户明确地知道，那么也可以不需要用那么强的提示，可以用停留在呆滞的状态（即系统长时间停留在一个界面没有变化）提示用户这个任务已经完成，例如微信发送语音信息结束后，不需要有专门的提示用户也能明白，没有错误的提示，说明这个动作已经结束了。

11）中断

这是一种不常见的状态，但是需要我们仔细考虑，因为中断状态极有可能对用户造成巨大的损失。最典型的例子就是操作中手机没电了。这需要我们保存用户之前的操作结果，并在手机没电之前就通知用户继续操作可能会带来风险，如图 3-26 所示。iPhone 在断电前及时对用户进行了通知。

图 3-26

需要说明的一点是，优秀的交互会像一个能干而贴心的管家，我们可以怀着“设计出一个能干而贴心的人工智能管家”的心态进行交互设计。

能干指的是记忆力好，并且知道很多信息。例如，可以随时知道市面上流行的电影并且能够依据用户的口味给用户推荐，或者能在用户结账时提醒用户可以使用优惠券。

贴心指的是会从用户的角度思考问题。例如注册，需要用户填写基本资料、改正错误、填写验证码、邮箱激活等步骤才能完成。因为这个任务比较复杂，所以交互系统不仅要不断地给用户反馈和提示，还要成为“用户鼓励师”，不断鼓励用户让他们继续操作。

3.3 产品需求文档

费了九牛二虎之力，悟空终于完成了需求分析、产品的功能设计和交互设计三个步骤。悟空渐渐地认识到想要设计出一个产品比自己之前想象得难多了，因为当我们思考一件事情时，会有意无意地忽略一些我们没能想到的和比较复杂的部分，而这部分可能恰恰是能决定整个项目成败的。

在完成了功能设计后，我们需要将设计**书面化**，方便其他参与这个项目的同事阅读，不仅能让同事更好地理解我们的设计，也能起到备忘的作用。

设计书面化的成果就是产品需求文档［也叫 PRD（Product Requirement Document）］。

产品需求文档一般包括以下几部分。

1. 需求背景

在产品需求文档的最开始，需要向大家交代这个项目的背景，说明项目的意义。这几件事情被说明后，同事会更容易理解项目的主要目的，从而让项目进行得更顺利。

例如悟空这个项目，如果一上来就描述我们要在用户搜索相关 query 时展现特殊结果，大家是难以理解这个项目的目的的，部分参与项目的同事会误以为公司是想通过卖电影票多挣钱，然后将主要精力放在研究卖票方面的功能上，在执行时与产品经理的设计出现误差。

悟空在文档最开始时说明了背景：目前与电影相关的 query 搜索结果并不能很好地满足用户的需求，需要对此进行优化。

这样同事就能对项目的目标达成一致。

2. 主要功能

当同事对项目目标达成一致后，就需要了解项目的主要功能及各个功能之间的关系。可以以流程图的形式展现产品主要功能的“全貌”，让同事将产品的功能相互关联起来，从一个整体的角度对产品进行理解。

一个项目需要很多人配合，每个人只知道自己负责的部分是不够的。

我们都听过盲人摸象，每个人都只从自己的角度理解大象，造成大家脑海里对大象的认识南辕北辙。如果项目的参与人不了解整个产品只专注自己那部分，那么无异于“盲人造象”，分别将各种负责的部分造出来后才发现象头和象腿完全对不上，项目就悲剧了。

悟空画出了流程图，如图 3-27 所示，这个项目包含以下几个主要功能。

（1）用户搜索与电影相关 query 时识别该类搜索词。

（2）在搜索结果中展现电影模块特有的结果样式，包括播放视频的按钮、电影的基本资料链接等。

（3）用户可以搜索结果页面单击进入搜索结果详情页，也可以直接播放视频。

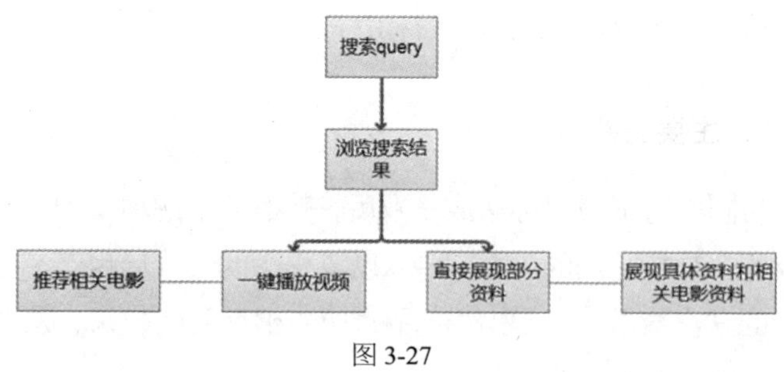

图 3-27

3．功能的具体描述

如果主要流程是为让同事了解项目的全貌，那么功能的具体描述就是让项目的参与人了解功能细节。

功能的具体描述部分如下。

（1）页面内元素。

（2）页面具体交互方式。

（3）页面间跳转关联。

（4）各数据间的关系。

（5）数据统计需求。

（6）下一步计划。

1）页面内元素：线框图

每个页面内容都是由各个元素组成的，我们可以用线框图将页面元素细化，包括元素的样式、大小和功能，再加上问题说明。线框图能非常好地说明页面静止时的样式。

2）页面具体交互方式：交互图

线框图完成后，页面静止时的情况就被清晰地展现出来，但是当页面被用户操作时会发生什么还没能表现出来，我们需要在线框图的基础上画出交互图。

交互图包含以下 3 个方面。

（1）目前状态：线框图。

（2）用户动作：主要包括点击、输入和滑动。

（3）结果：另一个线框图。

这 3 个部分说明要实现的功能，最好能图文并茂，利于文档的阅读者理解。

例如，搜索功能就可以按图 3-28 所示表述。

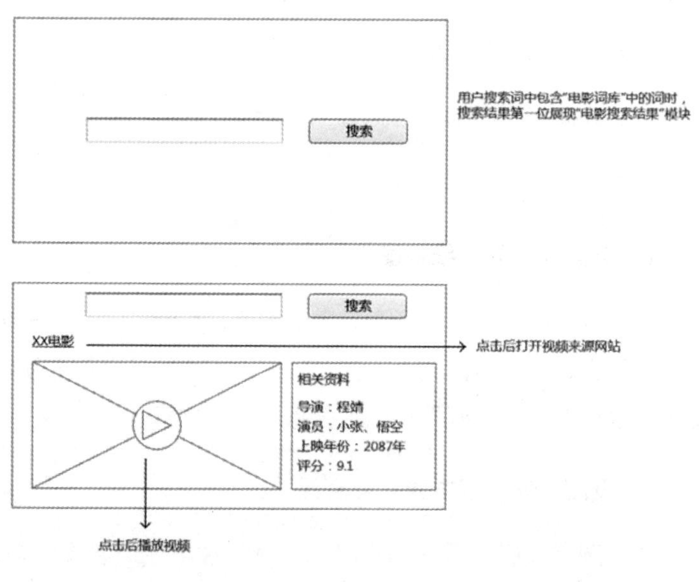

图 3-28

3）页面间跳转关联

线框图描述了页面“静”的状态，交互图描述了页面“动”的状态。接下来，需要用流程图说明页面之间的关系，方便同事理解。

如图 3-29 所示，我们可以表述出图、链接、点击链接后的跳转关系。

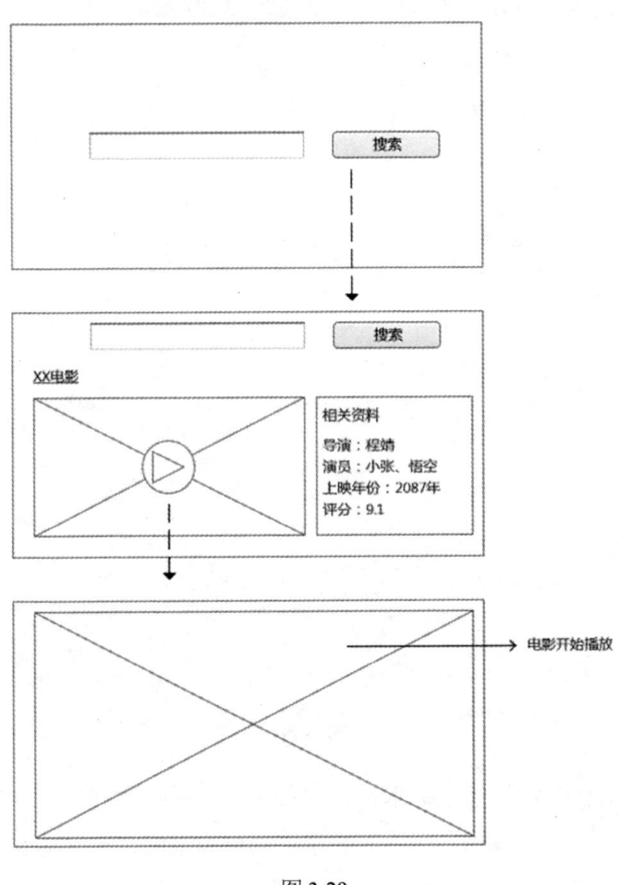

图 3-29

4）各数据间的关系

页面间的关系描述了各页面表面上的关系，这是从前端的角度向大家展现整个项目的全貌，但只写清前端的内容是不够的，还需要后端数据间的关系，如图 3-30 所示。

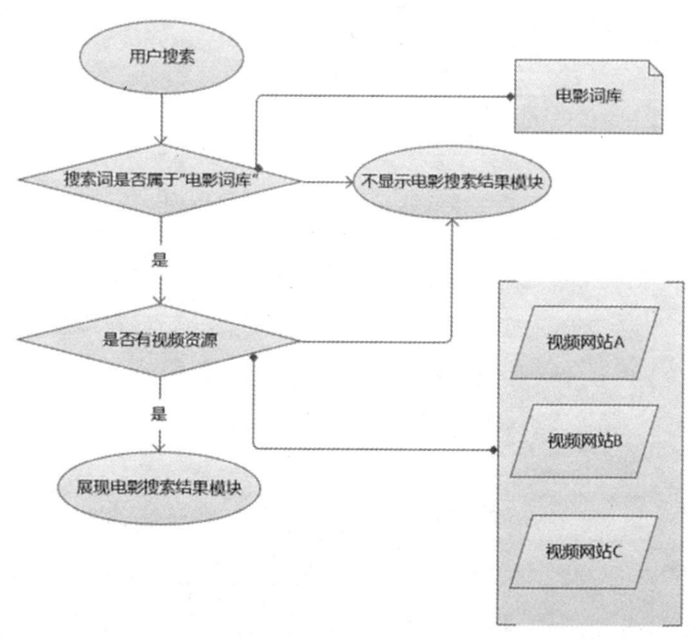

图 3-30

具体功能描述是需求文档中最琐碎、所花时间最长，却也最需要细致处理的。因为人的记忆力是有限的，当开发、测试的同事说明了要实现的功能时，距真正开发到该模块可能还有几天甚至几周。如果没有需求文档作为备忘，项目最终实现的功能很可能偏离原来的方向。

5）数据统计需求

一个产品上线了，并不意味着产品经理的工作已经完成，项目上线只是产品迭代的一个阶段，产品经理还需要继续观察效果，得出本次产品迭代是否达到预期效果、存在什么问题、下一步迭代的方向的结论。这些分析评估离不开数据的支撑。

所以在需求设计时，我们需要明确需要收集的数据，让技术人员能在相应的页面或链接进行埋点收集到数据。如表 3-2 所示，用表格的方式将统计需求列出。

表 3-2

名　　称	描　　述	备　　注
电影相关 query 的搜索量	电影相关 query 为词库中的 query	词库可能会发生变化
搜索结果第一位的点击率	——	——
搜索结果第二位的点击率	——	——
搜索结果第三位的点击率	——	——
视频播放量	——	被播放后，播放数加 1，暂停后再播放不计入总数
电影相关资料模块的点击量	——	——

6）下一步计划

如果已经有了比较明确的下一步迭代计划，也需要在这里进行简要说明，方便开发和视觉设计的同事提前做好下一版本的兼容性考虑，在下一个版本迭代时降低部分工作量。

悟空的下一步计划如下。

（1）收集数据，对项目进行评估。

（2）引入更多合作网站，补全目前还没有的视频和资料资源。

（3）考虑在页面上进行电影票售卖。

以上结构并不需要做得那么死板，因为不同的项目、合作对象，甚至公司文化都不同，这里只是给出一个通用的方法供读者参考，希望读者能在今后的工作中不断感悟和摸索，早日找到最适合自己的文档结构和撰写方法。

最后需要说明的是变更记录：变更记录指的是如果功能发生变更，需要及时进行记录，产品经理需要及时更新文档并同步给同事，保持团队中的信息同步。

3.4 设计完成后与团队成员的沟通

悟空写完产品需求文档后，导师告诉悟空现在可以找技术人员讨论需求了。悟空问导师，不是把文档给技术人员，让他们开发就行了吗？为什么还要讨论呢？

导师说，你设计好的东西，你自己是足够熟悉了，但还需要让负责研发和测试的同事都理解才行。设计阶段考虑问题是从用户使用的角度出发，并不需要重点考虑技术上实现的可能性和具体的实现细节，那么在设计完成后，就需要将设计进行技术方案讨论，让技术人员了解这个项目设计方案的背景、交互、功能等部分。例如，我们希望在用户搜索与电影相关 query 时展现新设计的结果，那么如何定义"与电影相关 query"就成了一个问题，技术上可能需要建立特殊的词库，将所有电影名称都包含进来，所有的搜索词在进行搜索前都需要先进行是否属于"与电影相关 query"这个词库的判断。

同样，交互设计时也会遇到类似的问题，例如直接在搜索结果中播放影片是否可行；如果有两个重名的电影交互上应该如何处理？

如果在设计之前没有考虑清楚这些看似细枝末节的问题，那么在实现时就会遇到各种各样的问题。当问题出现时研发人员可能有两种处理方式：一种处理方式是与产品经理再次沟通确认，这将消耗双方大量的精力和时间；另一种处理方式是按照自己的理解自由发挥，这样产品可能会偏离产品经理原来的设计思路。无论是哪种处理方式，都会大大增加产品失败的风险并降低研发效率。

优秀的产品经理会熟知产品的技术实现方式并提前思考各种情况的交互细节，避免方案在讨论阶段遇到大量待确定的问题。

产品经理很难将事情考虑得面面俱到，所以在与技术人员沟通后，技术人员会从技术的角度提出一些问题，帮助产品经理完善设计。问题一般会有如下几类。

（1）对功能提出质疑。这就需要产品经理充分考虑之前的产品需求分析、产品的功能设计和交互设计三个阶段，在短时间内说服技术人员。当然，如果觉得技术同事的建议有道理也不妨大方承认自己的失误，回去改进设计。

（2）某项功能或交互技术无法实现，这里需要分清的是技术提出的无法实现究竟是真的无法实现，还是可以实现但是成本巨大。如果的确是目前的技术无法实现，就需要我们思考对设计进行改动（例如，我们希望用户点击视频后马上播放，但是目前这不可能，于是我们就得考虑是不是得在加载时增加加载动画，防止用户流失）。如果是“可以实现但是成本巨大”的功能，就需要了解技术成本比自己设计时大很多的原因是什么，然后进行取舍。

（3）一些技术细节需要进行会后讨论才能得出结论，这时我们需要让技术人员给出预计能得出结论的日期，千万不能就这么把问题状态变成待议，然后所有人都不知道问题什么时候能够解决。

会后，问题会分为两类，一类是在会上已经达成共识的，还有一类是需要做额外讨论和思考才能得出结论的。两类问题都需要我们在会后撰写会议纪要，不仅把本次会议的成果转化成文档形式，以起到备忘的作用，更要记录后续需要做的事情的时间点和负责人。

在到约定时间点时及时跟进，让待确定的问题最终有一个答案，并将撰写的会议纪要发给会议的参与者，会议纪要是为了与大家同步会议上得到的结论，也提醒大家需要做的事情。

悟空在会后发出了下面这封记录邮件。

会议主题：电影搜索结果优化项目需求沟通

会议结论

（1）对本项目的主要需求大家意见统一，但是悟空需要确保第三方能提供电影资源，并组织后端研发与电影资源提供方进行沟通。

（2）对于电影是否能在结果页播放还需要进行技术调研。

后续工作

（1）对于电影是否能在结果页播放还需要进行技术调研，在 11 月 4 日给出结论（由前端研发哪吒同事完成）。

（2）更新产品需求文档（11 月 5 日由@悟空负责完成。

（3）11 月 6 日开始开发，所有人需要在开始开发当天给出项目排期。

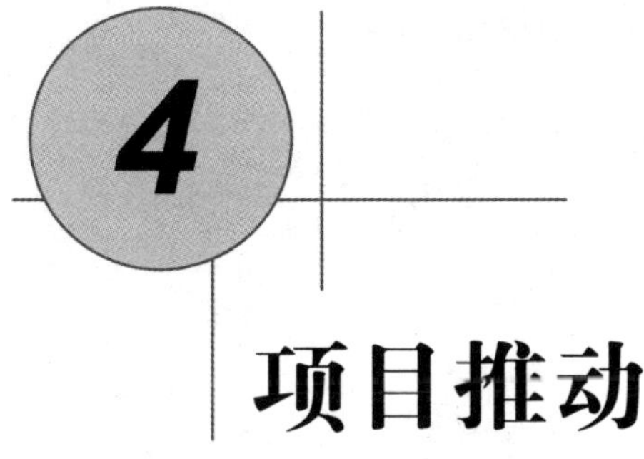

项目推动

项目推动与管理

需求设计沟通已经完成了，导师带着悟空找到技术团队的同事组建了一个团队，他们将和悟空一起开发这个项目。

1）团队组成

如图 4-1 所示，团队由 5 个人组成，一名产品经理、一名后端研发、一名前端研发、一名视觉设计师，以及一名测试专家。

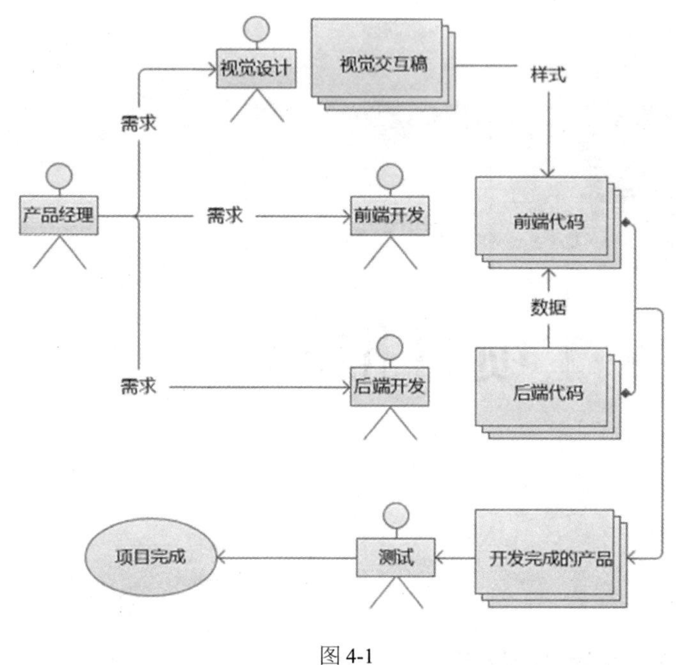

图 4-1

接着导师向悟空介绍各团队成员的角色。

视觉设计师（又称 UE）负责设计样式，经过设计，原来粗糙的原型图将变成一张张精美的视觉图。图片被设计制作出来后，还需要把图片切割成适当的尺寸供前端开发使用。

前端开发者（又称 FE）是使用这些视觉设计图片的人，用户看到的前端页面和交互都是他们开发出来的，但是他们并不负责数据、图片的存储。处理这些数据的人是后端研发者。

后端研发者（又称 RD）要将数据进行存储并及时提供给

前端使用。

测试人员（又称 QA）在研发完成后测试 BUG，他们会在各种环境下进行对程序的测试，及时发现问题让程序员修复。如果没有他们，程序质量是无法保证的。

2）产品经理的协调工作

如图 4-2 所示，各角色在开始工作后会遇到各种各样的问题，有需要产品经理决策的，有需要其他角色配合的，这时就需要产品经理站出来解决问题，然后继续推动大家一起推进项目。

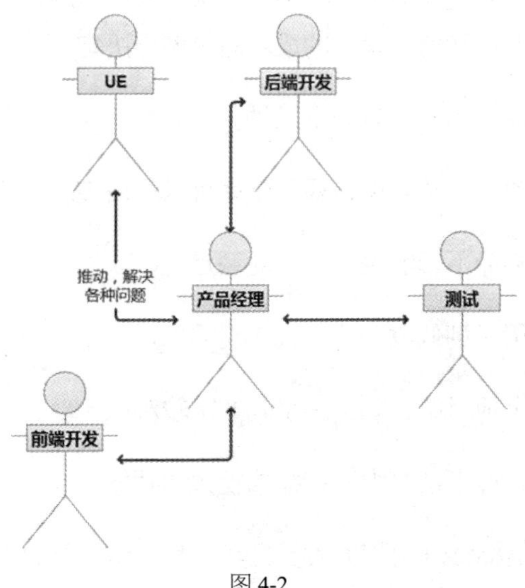

图 4-2

要做好一个项目的推动，产品经理需要面临好几个关卡。

第一关，技术可行性

“没有什么需求是不能实现的”，这是常挂在程序员口中的话，但是这句话其实还有后半句，“只要给的时间足够长、资源足够多”。

可问题是，任何项目的排期和资源都是有限的，如果为了实现一些边缘化的需求而大大拖慢项目进度是得不偿失的。

所以，当研发人员提出某些功能的开发难度过大的问题时，产品经理要做的不是强迫研发人员加班加点实现，也不是立刻把需求整个砍掉，而是了解不能实现的具体原因，判断需求被实现的重要性和值得投入的成本后再做出决定。

最后的解决方案有如下三种。

（1）项目必须实现，项目排期可以往后拖。

（2）功能不影响主要需求的满足可以砍掉。

（3）用一种低成本的方式实现需求。

在这个项目中，如下三个功能比较难以实现。

（1）在搜索结果中直接播放视频的功能。

（2）鼠标移动到相关人员名字上时显示人员的头像和简介。

（3）实时获取电影评分的功能。

悟空了解了开发成本比较大的原因后，将这些难以实现的功能的重要程度进行排序，思考功能对项目的重要性后做出这样的判断。

（1）“在搜索结果中直接播放视频”的功能。这个功能能极大地提升用户体验，是项目的主要功能，不能砍去，即使再多花一周的时间进行开发也要实现该功能。

（2）“动态显示人员的头像和简介”的交互。这个功能属于锦上添花的功能，可以去掉。

（3）“实时获取电影的评分”的功能。这个功能如果每天更新一次，而不是实时获取，就可以大大降低技术难度。

在沟通中需要记住，遇到问题不要催技术人员立刻回复，因为有时技术人员也需要讨论和查阅相关资料后再得出结论，这个结论会比之前给出的靠谱很多，所以请产品经理给技术人员思考确认的时间，这样其实反而会加快项目的进程，只要约定好给出结论的时间点即可。

同样，如果需要修改产品方案也不要着急，可以再次进行深入思考，甚至与其他产品经理沟通商量后再做出答复。

记住，给出方案不一定快速，但需要坚定和准确，给出方案后再频繁修改才是沟通中的大忌。

第二关，评估工作量、排期

需求被确认后研发人员就可以据此评估工作量，看看这个项目需要多少人开发多少天才能完成。

工作量指的是项目需要几个人做几天，单位是人/天，如图4-3所示。

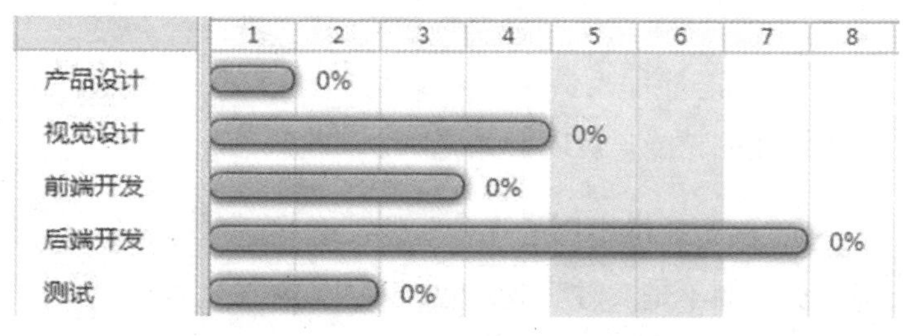

图 4-3

排期指的是每个人负责的部分开始和结束的日期。

当工作量确认后就可以由各负责人安排人力。如果觉得安排的上线时间太晚，自己不能接受，则需要进一步说明情况，让负责人协调。

需要注意的是，各个角色间的工作安排并不是彼此孤立的，可能存在依赖关系。例如，测试人员就得在开发完成后再开始，而前端开发同样需要依赖视觉设计的结果，如图4-4所示。

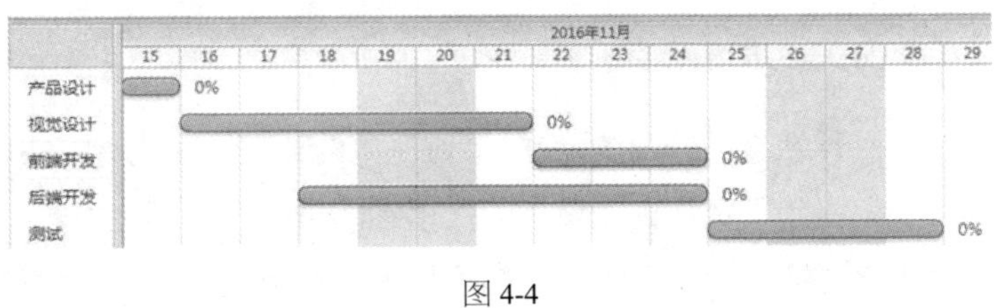

图 4-4

第三关，需求再沟通

项目开始后的第 4 天，前端开发人员找到悟空说，发现有些电影还未上映所以没有评分，这时应该怎么处理？悟空在文档中对这类情况做了补充说明：凡是还没有上映的电影，在评分区域给出“还未上映，没有评分”的文案。

在实际工作中很难把所有情况都考虑进来，特别是比较复杂的项目，往往是开发的过程中才发现各种问题。这时研发人员会找到产品经理进行沟通，双方沟通后对方案进行更改或补充。

当我们发现一个问题时，不能满足于只解决这个问题，应该顺藤摸瓜，看看有没有类似的问题被我们忽略了。例如，除了未上映的电影，会不会还有极为冷门的电影也存在没有评分的情况，悟空让研发人员查了数据库，发现并没有这种情况，这才放下心来。最后，悟空与研发人员确认了这个需求的变动会不会造成项目延期，如果会延期就需要再次协调时间。所有需求的变动都需要周知大家，防止不知情的研发人员按照原来的需求进行开发，并且影响项目的上线时间。

第四关，进度把控

项目开始之后的第7天，按计划视觉设计需要在当天完成，于是悟空找到了负责视觉设计的同事询问进度。询问之后才知道由于之前插入了一个更紧急的项目，要晚两天才能完成视觉设计。

悟空听完愣住了，晚两天完成视觉设计意味着后续的排期都要往后延两天，这下可就麻烦了。负责视觉设计的同事哪吒觉得很不好意思，主动把情况和他的领导说明，周末加了两天班才勉强把进度赶上。

悟空把事情告诉了导师，说觉得这次的事情有点不靠谱，安排有变化为什么不通知自己呢？

导师却说，你是产品经理，是项目的负责人，无论项目发生了什么变化，你都是第一个需要知晓并跳出来解决问题的人。把控进度也是推动项目的步骤之一，即使哪吒有沟通不及时的问题，产品经理也需要作为项目进度的最后保障，确保项目顺利进行下去。

绝大多数情况下，一个完整项目的开发，不是一个人能完成的，需要多人协作。每个人负责的部分之间又会有千丝万缕的联系，例如，负责测试的同事需要等待开发完成后才能开始测试，负责前端的同事能在得到视觉图前完成部分工作。它们的关系分为以下几种。

（1）无关：某部分可以独立开发，与其他部分无关。

（2）依赖：某部分需要依赖其他部分的结果才能开始开发。

（3）同时进行：最典型的就是联调的时候，需要前后端的开发同事沟通配合才能顺利进行。

如果某部分无法及时完成，或者能提前完成都可能对其他的模块产生影响，所以凡是可能影响排期的事情，产品经理都要想办法第一时间了解，然后协调大家的进度，争取让大家都到达匀速（工作适中）和无缝对接（不会有人闲着）的状态。

第五关，测试修复 BUG

测试并不是在开发完成后才开始的，在第一次接触到这个项目的时候，负责测试的同事需要思考这个项目的测试点和测试方式，并反复与研发人员、产品经理沟通确认。

当沟通完成后，QA 就会把要测试的点、流程及测试的方式写成“测试用例”，再找产品经理和研发人员确认，以保证不会因为对需求的理解问题和疏漏漏掉本该发现的 BUG。

在测试发现 BUG 后，QA 人员需要与研发人员沟通，让研发人员进行修复。

修复后产品经理需要对产品效果进行确认，确认产品没有 BUG 且符合预期后就可以与产品经理汇报测试已经完成，项目可以上线。

第六关，灰度、上线

当开发完成，测试也没问题后，项目就可以上线了。

但是 QA 并不是万能的，不可能测试到所有的使用情况（例如，某些 BUG 只在用户量非常小的手机上出现），这时就要求产品经理想办法降低 BUG 出现后的影响面和影响程度，其中一个方法就是灰度实验。先选出小部分用户，让他们更新到新版产品，然后收集数据和用户反馈。一旦发现 BUG 立刻组织修复，直到确认没有大的问题后逐渐增加灰度用户的数量，直至覆盖所有用户。

上线时间也需要注意，最好不要在放假（特别是长假）的前一天，因为一旦出现问题，研发人员和测试人员不在公司甚至不在家中，找到人修复的成本会非常高，很多大公司都已经将这个问题制度化，在放假前两天封板禁止任何产品上线。

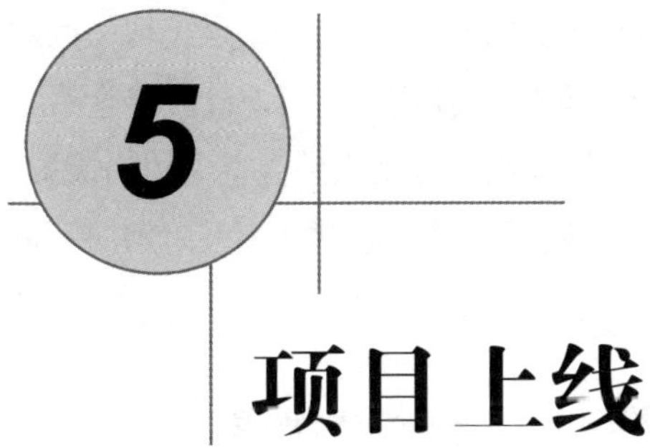

项目上线

5.1　灰度

负责推动项目的日子里悟空可忙坏了，由于是第一次主持项目，设计的时候很多细节考虑得不够周全，常常需要与研发、测试人员再次确认。

经过大家的共同努力，项目终于按时完成。悟空想这下项目终于可以上线了吧？当悟空和负责研发的二郎神说上线事宜时，二郎神说你这个项目不需要灰度吗？

悟空愣了一下，灰度？

悟空连忙找到导师，向导师询问有关灰度的问题。

导师说，有些项目的影响面非常大，而且一旦出现了问题会非常棘手。当这种情况出现时，我们的项目不能直接全量上线，得找出一小部分用户，让他们进行试用并观察试用的情况，一旦出现与预期不符的问题能及时发现问题从而及时解决，避免风险，这就叫做灰度，如图 5-1 所示。

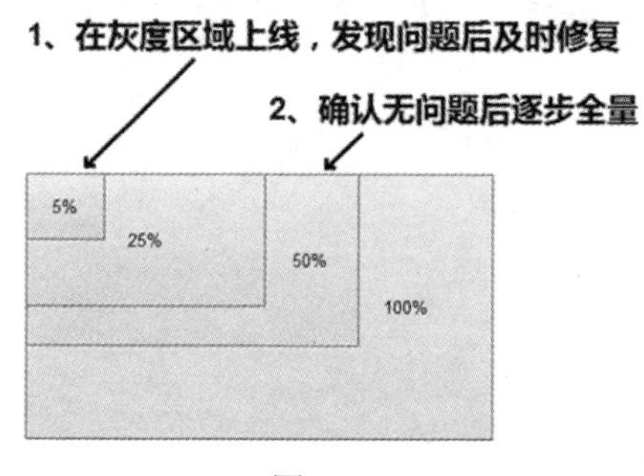

图 5-1

灰度有如下两种作用。

（1）分析用户反应：当灰度上线后我们需要用数据印证我们之前的判断和设施是否正确。例如，悟空的这个项目需要收集数据，看看是否真的有那么大的用户量，用户是否真的会在搜索结果页观看视频。

（2）发现 BUG：虽然项目经过了测试，但是测试环境和真实的线上环境是不一样的。用户在使用过程中有可能会出现各种之前没有发现的 BUG。我们可以在用户使用时发现这些问题，从而及时修复，将影响范围控制在最小。

其实灰度的思想一直都存在，在传统企业中，当我们需要推出一款重要产品时，也会先请一部分用户使用，依据用户的评价对产品进行改进并判断这款产品在市场上的前景。由于样本量不可能太大，通常只能调查几百个用户对这款产品的反应，并且由于身处试用状况，与自己平时使用产品的场景并不一致，用户表达出来的态度未必是用户对产品的真实想法。最典型的例子就是 2016 年美国总统大选，希拉里在民调时选票一直领先，但是最后获胜的却是川普。

互联网产品的出现让这个问题有了解决希望。互联网产品更新成本较小，并且可以随时通过数据的收集得到用户对这款产品的真实反应，所以灰度的方式在互联网界很快风靡起来。目前，我们使用的各种 APP 其实有很多版本都是测试版。

灰度的另外一个重要作用是提早发现 BUG。虽然在互联网产品中 BUG 很常见，但是有些 BUG 会造成非常糟糕的结果，例如，如果一款支付产品出现了 BUG，轻则支付失败，重则会将用户的钱转到别的地方，造成巨大的经济损失。传统企业对这个问题几乎无能为力，因为他们的产品迭代非常麻烦，要将产品召回甚至销毁，但互联网产品能做到快速发现、快速修复。试想如果三星 Note 7 是一款互联网产品，那么它的问题应该早就被定位和修复了。

既然灰度的好处有那么多，具体应该怎么做呢？

首先需要选择用户，做灰度需要选择适合的用户。我们可以选择两类用户。第一类是典型用户：这类用户最大的特点就是没有特点。他们能反映一般用户对这款产品的使用状况和使用行为。我们可以采用随机抽取的方式选择这部分用户，比较通用的做法是选择 Cookie 尾数是某个数字的用户，由于 Cookie 是随机分配的，所以 Cookie 的尾数从 0 到 9 的概率是基本一致的。如果我们选择 Cookie 尾数为 1 的用户，就能抽取大约 1/10 的用户，那么如果我们想抽取 1%的用户呢？也比较简单，我们只需要选择 Cookie 尾数为 11 的用户就可以了。

第二类是极端用户：选择这类用户的原因是我们需要检测一些极端的情况。例如，我们在进行一款 APP 灰度的时候，可以考虑选择使用最新款的 iPhone 7 进行灰度，因为这类用户未来的占比会越来越多，从极端用户变成一般用户。又或者，如果我们做一款支付产品的灰度，我们需要选择“土豪”用户和小金额用户进行灰度。如果只是选择一般用户，可能我们永远都看不到“土豪”用户一次转账一个亿时出现的 BUG，也不会看到小金额用户每次转账一分钱时出现的 BUG。

其次选择适合的对比方法。数据的对比有两种方法，时间先后的对比和不同用户群的对比。

时间先后的对比是指按时间先后进行对比。观察一个用户在灰度之前和灰度之后行为的变化。点击率和使用频率是两个最直观的指标。如果点击率和使用频率没有提升甚至出现了下降，那么我们就得考虑是否是改版时出现了问题。使用这个方法的前提是灰度的用户数足够大，因为人的行为是存在随机性的，只观察小部分人的样本量较小，有可能存在偏差，从而给我们带来误导。

使用灰度用户和非灰度用户进行对比观察出来的结果更直观，因为新旧策略同时有两部分人在使用，但是需要注意的是我们得保证灰度用户和非灰度用户是被随机选择出来的，如果两类用户本身就是不同的人群，那么这样的对比也就没有什么意义了。

在这里只是跟大家介绍灰度的通用知识，更详细的数据分析方法参见本书第 2 章“数据分析”部分的内容。

强调一下，灰度并不是 A/B Test，虽然两者看起来在方式上很像，但是目的却有着天壤之别。灰度是为了发现未知的问题，A/B Test 是明确问题后需要寻找问题的答案。

A/B Test 指的是将用户随机分类为两部分，让两部分用户试用不同版本的产品，从两类用户行为的差异中寻找更优的版本。

5.1.1 灰度周期

一般来说，灰度最好能至少进行 7 天，因为周末的情况可能与工作日存在一些不同。7 天的周期能确保数据平稳可行，不会出现太大的误差。

5.1.2 灰度可能也需要开发量

灰度的本质是将一部分用户“选择”出来，让用户试用产品并观察用户的行为，但如果公司没有通用的灰度工具，就需要研发出一款工具进行灰度。当我们确定一个产品需要灰度的时候，就需要在与技术人员沟通需求时将该需求明确。让研发人员能提前评估工作量，而不是到了产品快要开始灰度时才忽然提出。

悟空听了导师对灰度的描述后恍然大悟，赶忙设计出了灰度的方法。随机选择了一小部分用户，观察这部分用户的使用行为。

1. 灰度范围：电影搜索关键词中 1%的搜索结果（约 20 万次搜索）。

2. 所需收集的数据。

（1）灰度用户与普通用户两部分用户的数量。

（2）关于电影的 query 的搜索次数。

（3）所有结果的点击率。

（4）新模块结果中的视频播放数、电影详情链接的被点击数、电影资料链接的被点击数。

3. 下一步计划：灰度 7 天后，在确定新模块效果符合预期的情况下，逐渐扩大灰度的范围，最后全量上线。

5.2 效果评估

终于，在逐步扩大灰度之后，项目顺利上线了，悟空美滋滋地试用着产品，像是吃了蜜桃一样开心。

导师不知什么时候出现在悟空的身后问悟空："你觉得这个项目做得怎么样？"。

悟空觉得导师话里有话，但还是老实说，"我觉得挺好的。"

师说："具体怎么个好法儿，好到什么程度呢？"。

悟空顿时懵了。

给产品经理的一句话：对于一个项目来说，"项目做完"并不是终点，我们还要对项目的结果进行评估，总结得失。一个优秀的产品经理应该从项目上线后的表现中了解自己的用户和产品，然后推动项目继续迭代发展。

在项目上线后，产品经理需要产出一份效果评估报告，对项目进行评估并总结得失。这份报告不仅是对该项目效果的总

结，也是对项目相关人员的一个交代，毕竟大家都为该项目付出了辛勤的劳动。

效果评估报告的内容由以下 4 部分组成。

（1）项目背景：并不是所有阅读报告的人都对项目有所了解，所以要向大家交待项目的背景，让大家知道这个项目的背景和目的。

（2）主要结论：并不是所有人都关心报告细节，例如前文提到的领导如来，他只想知道项目的结果，了解主要指标怎么样，所以在具体分析之前，我们需要把结论展现出来，而不要让阅读报告的人阅读完整篇报告后还需要自行判断。

（3）具体分析：项目各个部分的主要数据是什么样的，要解决的主要问题解决了没有，什么地方表现得好，什么地方还存在问题。我们需要在报告中将这些问题一一展现。

（4）下一步计划：任何报告都不该为了分析而分析，我们所做的事情都是为了让产品变得更强大，所以当我们完成效果评估的分析后，需要明确今后的方向，为下一步计划提供指导。

下面附上悟空的效果评估报告。

搜索电影结果项目效果评估

1．项目背景

目前大量用户搜索与电影相关的 query，但是结果不能满足用户需求，所以需要对搜索结果进行优化。项目每天约影响 10 万名用户。

2．主要结论

（1）搜索结果优化后，用户体验得到提升，搜索结果的点击率从 20%提升至 52%。

（2）电影详情页日均 PV15 万次，预告片日均播放次数 5 万次。

3．具体分析

1）用户体验得到了提升，主要体现在以下三方面

（1）搜索结果内容满足了用户需求，搜索结果的总点击率从 20%提升至 52%。

（2）搜索结果的排序更合理，第一条搜索结果的点击率从 10%提升至 40%，如图 5-2 所示。

（3）用户对展现的内容满意，电影详情页日均 PV15 万次，日均 UV10 万次，视频日均播放次数 5 万次，电影详情页 PV5 万次。平均每位搜索用户观看视频 0.5 次，浏览电影详情页 0.5 次。

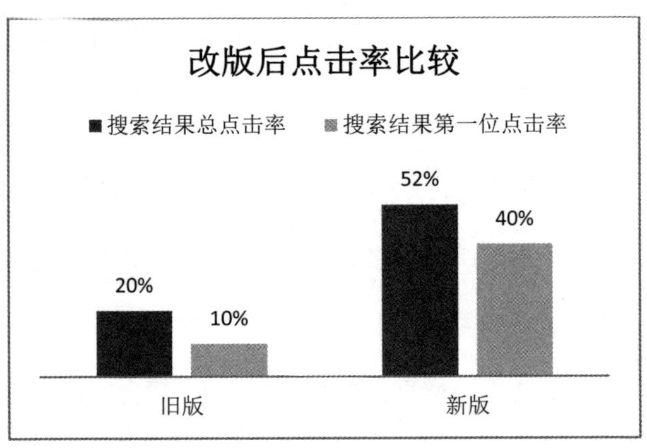

图 5-2

2）依然存在以下问题

（1）部分用户需求未得到满足，对于正在上映的电影，用户也有在线观看的需求，25%的用户点击本网站的搜索结果后，又点击了搜索结果中视频网站的结果。

（2）部分电影结果并没能收录进网站，还需要完善。

4. 下一步计划

优化搜索结果、优化匹配规则，例如用拼音或者错别字搜索的用户应该进行纠错。

（1）在网站中增加正在上映的电影的播放链接，满足用户的需求。

（2）完善电影库，满足更多用户的需求。

（3）考虑增加购票链接，让用户能购买正在上映的电影的电影票。

效果评估不是项目完成后才开始的

效果评估并不是在项目完成之后才开始的，而是在需求设计阶段就已经开始了。在需求设计时我们需要确定评估指标，让项目效果能从数据上反映出来，例如转化率、增长率等。

在项目灰度阶段，我们需要开始项目评估，观测主要指标。如果项目的收益不如预期，甚至是负的，就需要我们及时做出调整，然后才能上线。

6 产品与运营

6.1 产品的运营

项目按时上线了，评估报告也发出了。悟空决定今天早一点下班，和观音姐姐吃一顿火锅，也犒劳一下自己。

吃火锅的时候，两人聊起了最近上映的电影，观音姐姐说自己犹豫要不要去看最近上映的灾难片《哪吒闹海》。悟空一听，迫不及待地向观音姐姐展示了自己做的项目，让观音姐姐搜索“哪吒闹海”，然后就能找到电影介绍和预告片。

观音姐姐依照悟空所说的方法进行操作，查看了电影的介绍和预告片，然后拉着悟空来到电影院一起观看了这部电影。

但是悟空看电影的时候有些心不在焉，他在想自己做的这个项目虽然能满足部分用户的需求，但是无法覆盖那些还不知道这个功能的潜在用户。

得想办法解决这个问题，悟空决定明天就找导师聊聊。

给产品经理的一句话：优秀的产品经理不只是在工作时勤奋努力，在生活中也会养成常对产品进行思考的习惯。当生活中遇到不方便的事情，产品经理的脑海中会自然而然地开始转动，试图思考问题的解决方式和产品的优化细节，直到得到满意的方案为止。

第二天悟空找到了导师，说出了自己昨天的思考，担心很多用户都不知道有这个产品，酒香也怕巷子深，自己很着急。

导师听完笑了，悟空能表现出这样的工作积极性让他觉得很欣慰，他反问悟空，那你想到什么方法了吗？

悟空说，我觉得可以增加一个分享功能，让用户把感兴趣的内容通过社交平台分享出去，这样就能让更多的人知道这个产品。

导师说，这也是一个不错的办法。你能想到通过改进产品的方式解决问题，已经是产品设计师的思维方式了，但是这个想法“还不够产品经理”。我给你推荐一个人，你去见他，聊聊你遇到的问题。

给产品经理的一句话：前文说过，产品经理的核心价值是能调动资源解决问题，从 CEO 到下属，从技术到运营，每个人都有自己擅长和更专业的领域，在某些方面他们能做得比产品经理更专业，他们都是产品经理可以调动的资源。所以当出现问题的时候，不妨从这个角度思考，看看是否有可以调动的资源来解决问题。

导师介绍的人叫八戒，是一名运营。悟空找到了他，说明了来意。

八戒听完悟空对问题的描述后眉头一皱，计上心来，说“这个功能挺好的，可以做个运营活动宣传一下！”

悟空说好，就这么愉快地决定了，然后就结束了这段对话。

3 天后，导师找到悟空，说之前介绍你去找八戒，现在事情进度怎么样了？

悟空说，八戒说办个运营活动来宣传产品。

导师：那活动办得怎么样了？

悟空说：我也不知道，八戒说他会去宣传我就没管。

导师望着悟空，沉默了很久才缓声说道：一名产品经理，之所以叫“经理”是因为他对整个项目的最终结果负责，并不是把任务交代下去，自己完成了任务就不管不问坐等事情完成。恰恰相反，除了与他人沟通外，还需要把控事情的进度，积极地推动项目进行。

于是悟空再次去找八戒，问起运营活动的进度。

八戒被悟空找到的时候正拿着个西瓜在茶水间大口啃着，听悟空说完才一拍脑袋想起来这件事。八戒前几天一直忙于蟠桃园大促的项目，看悟空也没再提这个事儿就以为这个项目并不紧急，就将这件事情暂时 hold（搁置）了。

悟空这才明白每个人都有自己的事情，不都是围着产品经理转的，所以产品经理必须主动推动才行。

悟空再次和八戒介绍了自己的产品，希望八戒能重视并帮忙做一个活动，推广一下这个产品。

八戒听完之后沉思了一会儿，抬起头问悟空，这活动的主要目的是什么？主要指标又是什么？

与其他同事沟通的秘诀

产品经理在与其他角色沟通时，一定要学会提炼出对方最想知道的点和可能需要知道的点，然后再和对方交流。因为相较于产品经理，其他职位分工更细，做事情的目的性更明确，例如视觉设计师主要负责视觉设计的部分，运营人员主要同用户打交道，关心拉新和留存，测试人员负责保证产品上线时没有 BUG。如果产品经理找对方沟通时把所有环节和细节都说一遍，那么沟通效率是非常低的，所以开始沟通前，需要用较为简洁的语言向对方交代清楚事情的背景、手段和目的。

八戒问了主要目的后，又补了一句主要指标是什么，就是希望能把目的量化。如果不量化，很多目的是非常模糊的。例如悟空希望通过运营活动让更多的用户知道这个功能，那么多少算是多呢？多一个也是多，多 100 万个也是多，没有量化的目标，八戒就无法估量整个活动要投入的成本和形式。

经过讨论，悟空与八戒得出了结论，本次活动需要在一个月内覆盖 20 万用户，活动结束后让新上线的电影搜索功能每天的 UV 数增加 5 万次。依照这个目标，八戒制定了具体的活动计划。

几天后八戒找到悟空，说决定举行一个“搜索电影我就请你看”的活动，随机抽取每天搜索电影名称的用户赠送电影票。

活动举办了一周，除前期大家为了参加活动进行搜索带来的虚高增量外，数据平稳后每天搜索与电影有关的 query 的用户新增了 6 万人，完成了他们之前制定的目标。

悟空找到八戒表示感谢，说自己之前只知道埋头做产品，经过这次合作才体会到产品经理原来是这样协调大家发挥作用，共同推动产品发展的。

八戒说，产品经理和运营人员其实是关系非常紧密的，产品经理离产品会近一些，会更偏重理性思考和长期规划，而运营离用户近一些，会偏重于想办法让用户使用我们的产品。打个比方，产品经理就是酿酒师，负责把产品做好。运营就是吸引用户、留住用户的店小二，解决“酒香也怕巷子深的问题”。

八戒最后说道，产品经理深刻地理解运营这个职位是有必要的，不如我来给你介绍下运营这个职位吧。

6.2 运营这个职位

6.2.1 运营的定义

如果说产品经理思考的是如何把能满足用户需求的产品创造出来，那么运营要解决的问题就是在产品被创造出来后，如何把产品的价值传递给用户，让用户从知道产品、了解产品，到最终成为产品的忠实用户。

与产品经理一样，运营这份工作也建立在深刻地理解产品和用户的基础上。只有理解了产品，才能知道我们的产品能做什么。也只有理解了用户，才会明白如何能够把用户吸引过来并留住。

6.2.2 运营的职责

相较于产品经理，运营要解决的问题更明确，主要要解决的问题有 3 个。

（1）拉新，让更多人使用产品。

（2）留存，让使用过产品的用户尽可能多地留下来，成为产品的活跃用户。

（3）激励，让更多的用户完成产品关键功能的使用。例如，百度知道的运营人员会激励用户在百度知道多回答问题以丰富答案结果，淘宝的运营人员会想办法激励用户在淘宝多买东西。

6.2.3 具体手段

为了解决拉新、留存和激励这三个问题，需要有相应的手段，目前比较通用的手段有 3 种。

（1）活动。举办活动，让用户获得物质或精神上的奖励是对用户比较有吸引力的方法。例如，Uber 的邀请用户注册送×元活动就是典型的通过活动拉来新用户。

（2）曝光。在目标用户出现密集的流量区展现产品信息，吸引用户关注产品并最终转化为产品用户。广告、朋友圈软文等形式都属于曝光拉新，也是一种不错的方法。

（3）品牌传播。为产品塑造品牌形象，在用户心中形成认知，从而占领用户心智。例如，有问题百度一下、买东西上淘宝、美团外卖平均送达时间 35 分钟等都是非常成功的品牌传播。

采用哪一种方式进行拉新留存和激励需要依据具体的情况进行判断，因为运营的资源终归是有限的，需要利用有限的资源找到最有效的方法。这就涉及渠道性价比和用户质量的问题。

6.2.4 数量与性价比

为了解决运营的核心问题，我们有很多方式和渠道，那么我们该选择哪一种呢？

选择的关键要素有两个，数量和均价。

数量比较好理解，因为不可能所有渠道都能提供无限的用户，所以我们通常需要依靠多个渠道同时拉新来完成用户数的增长。

均价则是在渠道中获取每一个新用户的平均成本，一个渠道的用户成本会随着时间和市场的变化而变化，但是我们可以计算出一定时间内的用户平均获取成本作为参考，如表 6-1 所示。不同的拉新方式会带来不同的用户数，也需要付出不同的均价。

表 6-1

最终目的	手　段	新增用户数量	均　价
拉新	搜索广告	700 新用户/日	50 元
拉新	应用市场广告	90 新用户/日	9 元
拉新	线下传单	90 新用户/日	2 元

同样，对于活动激励，我们也能进行有性价比的计算，如表 6-2 所示。

表 6-2

最终目的	手　段	新增用户数量	均　价
激励用户贡献内容	按贡献数量给用户积分，积分可兑换实物奖品	90 个答案	0.3 元/一个回答
激励用户贡献内容	评选最热心贡献用户，提供奖品	900 个答案	0.1 元/一个回答

6.2.5　用户的质与量

运营人员在想办法完成用户的拉新数量目标的同时，也得注重拉新用户的质量。并不是新用户被拉来之后就万事大吉，不同渠道来的用户的“质量”是不一样的，有些渠道来的用户质量非常高，非常活跃；有些渠道来的新用户活跃性很差，甚至使用了一次产品后就不再使用。

这时就需要我们兼顾数量与质量，不能只满足于完成新增用户数的目标，忽视了新用户的用户质量。

6.2.6　运营方案的优化

在资源一定的情况下，优秀的运营能准确地制定出用户数的成长计划，并在有限资源的情况下吸引更多用户。优秀的运营会仔细计算每一种新增用户的方式所付出的时间、成本、金钱，然后不断优化，以便在有限的资源下提升新增用户效率。

在进行了各种尝试之后，会对各种方案的效果做到心中有数，这时就可以选择最适合、性价比最高的运营方式，对其加大投入，以求将有限的运营资源发挥到极致，从而取得最好的效果。

6.2.7 留存

当一个产品的拉新工作达到一定阶段时，运营会逐渐把工作重心放在如何留存用户上，毕竟留住一个用户的成本远小于拉来一个新用户的成本。

为了留住用户，能做的事情主要有 3 件。

（1）分析留存问题。这一步需要运营人员和产品经理共同配合完成，需要进行大量的分析，找出用户之所以没有留存下来的原因，然后进行产品改进。

（2）旧用户唤醒。产品有新版本改进了用户体验，有了新功能。

（3）内容运营。一些内容型产品需要通过运营产生内容，留住创造内容的人。

6.2.8 产品与运营应该如何配合

当我们了解了运营的主要目标和工作后，就可以思考作为一名产品经理，如何和负责运营的同事更好地合作。

1. 了解运营

互相了解是一切合作的基础，产品与运营也不例外。在产品开始调研前，产品经理需要主动找到运营人员沟通，了解运营人员对这款产品的看法和计划，千万不要等一切都定下后再与运营人员沟通，一来很多关于运营的问题产品经理没有考虑清楚，容易出现问题，二来运营人员的时间没提前规划好，可能会导致无法配合产品的发展计划。

2. 共同确定用户成长目标

每个阶段产品的重心都会发生变化，这需要产品经理与运营人员共同制定，运营人员会依据目前状况和下一步计划定下运营的指标，该指标定下后，产品经理与运营人员的目标就可以达成一致，从而更有效率地合作。

以滴滴出行为例，最开始的时候，滴滴出行的主要目标是用户数和成单量，这时所有的资源都会向这个方向倾斜，而成立几年后滴滴和优步中国合并，这时赢利的重要性不断上升，花钱买用户的事儿不应该大规模去做，就需要用更低的成本激励用户。

3. 为运营人员提供产品功能

有时，运营人员的某些行动是需要产品经理支持的，这时产品经理需要在明确目标的基础上帮助运营人员开发功能，方便运营人员举办相关活动。

4. 向运营人员请教，更了解用户

三人行必有我师，比起产品经理，运营人员更直接、更频繁地接触用户，这是由产品经理和运营人员的工作内容决定的。虽然优秀的产品经理也会尽一切可能了解用户，但是如果能多向运营人员请教，也是一件百利而无一害的事儿。通过运营人员独特的视角和经验，产品经理能更了解用户，从而设计出更优秀的产品。

6.3 产品的冷启动与种子用户

在完成了优化电影搜索结果这个项目之后，悟空总算迎来了一段清闲的日子。他正好利用这段时间回到学校完成了毕业论文，并在毕业后顺利入职寻他搜索公司，成为了一名正式员工。

悟空回校期间，导师接到了一个新任务：负责寻他音乐APP。

背景是这样的：寻他搜索公司最近与各大音乐公司展开合

作，获得了大量的音乐版权资源，为了更好地利用这些资源，公司决定开发一款音乐播放 APP 占领市场。在悟空回学校的这段时间，导师带着项目组把产品的 1.0 版本开发出来了，现在面临着项目冷启动的问题。

导师对悟空说，正好你从学校回来了，就接手项目的冷启动的事情吧。下面我会和你分析冷启动需要的知识。

6.3.1 种子用户

在项目冷启动的初期，用户基数非常少，需要尽快获取大量的**种子用户**，让产品尽快占领市场。

但是并不是产品最初期的用户都能成为种子用户，种子用户是如种子一般，将来会长成大树的用户，所以种子用户并不同于初始用户，他们不仅会使用我们的产品，还应具有能帮助产品成长或扩散的能力。这类用户应具有为产品贡献大量内容的能力（例如，微博的段子手）或者具有能为产品带来大量新用户的能力（微博和知乎早期被李开复推荐，大量用户开始使用）。

种子用户分为如下两种。

1. 贡献型种子用户

贡献型种子用户能贡献产品内容，例如微博上的段子手和微信公众号上的创作者。这些用户在平台上不断创作、贡献内容，让微博和微信公众号能有源源不断的精彩内容，吸引用户打开 APP 进行浏览。

通过贡献者的努力，产品原来单薄的内容会变得越来越丰富。

2. 散播型种子用户

还有一类用户能帮忙扩散产品，将产品扩散到目前还不知道该产品的潜在用户群，例如，把微博上的段子或者自己在 Keep（软件）上的锻炼记录发到朋友圈上的用户，他们能让更多的人接触到产品。

6.3.2 种子用户的作用与获取

1. 种子用户的作用

种子用户的作用并不在于该用户本身，而在于今后能为产品带来源源不断的回报。相较于普通用户，种子用户的影响力更大，对产品起到的正面作用更持久，如图 6-1 所示。

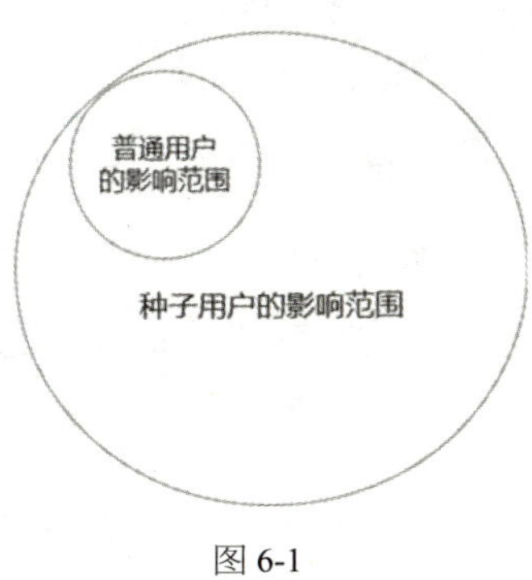

图 6-1

大家可以回想一下，微博刚起步时，开通微博的明星就是一个典型的种子用户，每个开通了微博的明星，都能吸引一大批黏性相当高的新用户。

又如，不少人是看了雷军、罗永浩的发布会后成为了他们手机的用户，自己成为“米粉”“锤粉”后又将产品推荐给自己周围的人。所以雷军、罗永浩，以及手机界的意见领袖也都是典型的种子用户。

2．种子也需要施肥浇水

服务好种子用户，往往能起到事半功倍的作用，所以当我们的产品刚起步的时候，可以从种子用户下手。

一方面努力做出好产品（提升产品质量，使试用过产品的用户留下来）；另一方面也要给贡献者和分享者更好、更有效的工具，帮助种子用户贡献内容和传播产品。

那么从产品经理的角度来说，设计产品时需要思考是否需要适当的工具帮助用户进行创作；是否需要适当的分享工具让种子用户方便地散播产品。

知乎在这一点上做得比较好，一方面知乎的编辑器功能非常强大，另一方面知乎的内容能被非常方便地分享到朋友圈，让更多的用户知道并了解知乎。

注意：散播型种子用户的定义是将产品散播至“产品之外”

的用户，如果只是在产品内部转并不符合种子用户的定义。虽然他们是很活跃的初始用户，但是并不具有帮助产品成长和扩散的能力。

值得说的是，有的用户同时兼顾三种属性，既能创作内容，也能帮产品传播，还非常活跃。这种用户是无比珍贵的，需要我们重点维护，防止流失。

3. 种子用户的获取方式

种子用户的获取有无数种方式，但是其原则都是将产品展现到最需要的人面前，并让其产生兴趣。

产品对用户有用才是最好的推广广告。如果一款产品想要暂时爆发，的确可以用砸钱的方式获取短期的效果，但如果想长期拥有稳定的新用户来源，能帮助用户解决实际问题才是王道。

表 6-3 所示为目前市场上最常用的获取种子与用户的方式，需要我们依据自己产品的情况进行分析，最终选择最适合自己产品的方式。

表 6-3

	覆盖面积	性价比	优　点	缺　点
邀请	小	高	能准确覆盖至产品希望覆盖的种子用户	非常耗费人力且效率较低

续表

	覆盖面积	性价比	优　　点	缺　　点
实物奖励	中等	中等	需要内容的时候能快速积累	需要一笔不菲的费用
线下推广	小	低	能准确地覆盖至用户聚集区	对文案要求较高，得快速说明产品能为用户带来什么
社交媒体传播	大	高	通过病毒式传播有可能获得爆发性的增长	对活动要求较高，失败率高

悟空听导师说完了关于种子用户的知识，最终选择了与微博上电影大 V 合作的方式，通过大 V 的软文推广，无数用户知道并了解了“寻他搜索”推出的这项新功能，并逐渐养成了使用习惯。“上网看电影，就用寻他搜一搜”的口号传播到了无数人的耳中，用户的使用习惯正在逐渐养成。

6.3.3　配合运营的同事做好产品的冷启动

悟空负责“寻他音乐”冷启动用户积累工作时，帮助运营同事开发了歌曲分享的功能和活动页面，也配合着商务部的同事进行硬广的投放，帮着准备物料和应用安装包。

基于之前导师教的“曝光是基础，转化率是关键”的思想，悟空对自己经手的每个活动、硬广告进行了数据统计和数据分析，包括展现量、点击率、新用户数量和成本。有效地帮助运营人员和商务部同事区分出了高效和低效的渠道。

运营人员和商务人员非常欢迎悟空的这份分析报告，对悟空赞赏有加。因为依据这份报告，运营人员和商务人员能够非常及时地知道目前自己正在进行的事情的效果，从此在效果明显、投入产出比高的渠道中投入更多的精力，放弃投入大，收效慢的推广渠道和推广方式。

给产品经理的一句话：在与其他同事合作完成“非产品经理主导”的项目工作时，不妨想想同事的工作目标是什么，自己如何发挥产品经理的优势和特长为同事提供支持和帮忙。当合作的各个角色目标一致形成“合力”时，往往能达成事半功倍的效果。

---

7 转化率

7.1 关于转化率的思考

转眼间，“寻他音乐”在大家的共同努力下日活跃量（每天打开 APP 的用户数）达到了 1 万人。悟空对此非常高兴，但更让悟空兴奋的是他觉得在这段时间的工作中，他对流量和转化率都有了更深的体验，于是在中午吃饭时把心得和导师聊了聊。导师说，我觉得你总结得挺好，不如下周我们组织一个内部分享，你向组里的同事分享下你的心得。

悟空连忙摆手拒绝，但导师却说，如果你想真的彻底理解流量和转化率，你就需要进行这次分享，并且要好好准备。很多事情，你以为想明白了，但是实际上你并没明白。只有当你能向一个并不了解背景的人说清楚，并且能对他人的提问做到心中有数时，你才算真正弄懂了，而且准备分享的过程会强迫你对问题进行系统性思考。想当年，出版社邀请我写本关于产品经理的工具书，我写完后才发现，其实收获最大的是我自己。

听了导师的话，悟空开始在工作之余认真准备这次分享，并且下决心一定要做好。

以下是悟空的分享内容。

什么是转化率，以及提升转化率的意义

对公司来说，每一款产品都有它的目标，这个目标被量化后被称为 KPI（Key Performance Indicator，关键绩效指标）。例如，淘宝最主要的 KPI 是成交量和成交金额、微信最主要的 KPI 是日活跃用户数、百度最主要的 KPI 是用户搜索次数。

对于淘宝的产品经理来说，如何让用户尽可能多地购买商品成为了他们绞尽脑汁思考的事情。如图 7-1 所示，从打开淘宝，浏览、比较、挑选、决策到付款，用户可能停止在其中的任何一个步骤，而不再进行下一步操作。这就是产品的漏斗，每一步都会损失一部分流量，只有“坚持”到最后的用户才会完成购买。

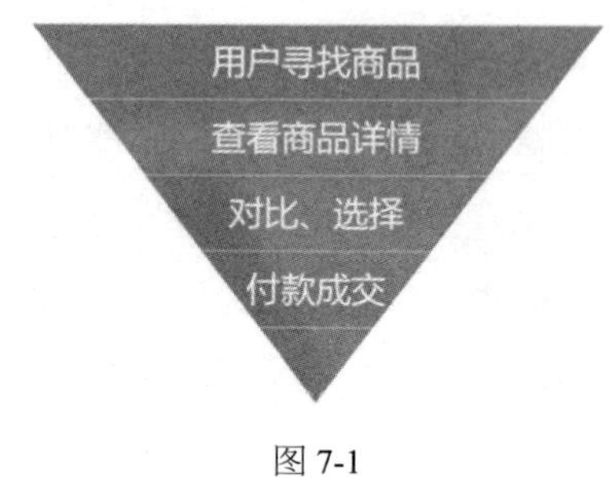

图 7-1

提升转化率的具体方法

从产品经理的角度看，当然是能进行到最后一步的用户越多越好（可以想象，假设淘宝每天有 50 亿的活跃用户，每一个用户都进行了购买，是一件多么痛快的事情）。那么，如何进一步提升用户的转化率呢?

第一招：减少步骤。在这个世界上，从来没有转化率 100% 的步骤，每一步都会有一部分用户流失，所以减少步骤就成了最立竿见影的方案。例如，在电商网站购物时，我们通常要选择送货地址和支付方式，但是亚马逊开发的一键下单功能，将这两步直接省略了，大大地提升了转化率。

又如滴滴出行，自动帮用户填好出发地和目的地，让用户“一键叫车”。

这种省略步骤的方法能大大降低用户的流失率，但是想使用这种方法是有前提的，那就是能预测出用户下一步的动作，无论是亚马逊的“一键下单”还是滴滴的“一键叫车”，都是提前预测了用户下一步的需求设计出来的。

然而，减少步骤这一方法只有在能预测出用户下一步动作的前提下才能使用。延续这个思路，如果一个用户频繁拨打某个电话、微信上联系某个人、固定预定某种外卖，那么我们就可以设计一个“默认结果”将某些步骤替代掉。

但是步骤不能无限减少，需要有让用户进行确认的步骤，因为我们只能知道用户“很可能”会进行某项操作，但不能确定。试想一下，如果用户某天出差了，但是系统依然“贴心”地帮他预订了他常吃的外卖，那么用户的内心是多么崩溃啊。

第二招：提供适合的备选方案提升效率，如果有些步骤是无法去掉的，那么我们可以帮助用户提升在这一步的效率，让用户快速“通过”这一步骤。例如，用户浏览淘宝主页，或者选择一首歌曲欣赏时，通过最高效的排序，甚至采用个性化算法展现用户“更可能”喜欢的结果，就能有效提升用户的效率，而不会让用户在翻阅了一堆自己不需要的商品或是跳过一大波自己不喜欢的音乐后退出。

第三招：提供参考帮助用户对比。提升效率的方式也可能遇到瓶颈，因为有时我们无法预知用户的下一步行为。以购买机票的 APP 为例，由于购买机票是一个低频行为，我们很难预知用户什么时候购买机票。我们能做的就是在用户购买机票时提供参考因素，例如将用户最关心的价格元素在页面中展现出来，让用户快速地比较和决策，降低由于用户需要进行多步操作带来的流失率。

第四招：刺激用户冲动行为。当用户并没有明确目的时，可以考虑激发用户进行下一步操作。例如，限时抢购就是典型的刺激冲动行为，看着惊人的价格和倒计时，会有部分用户选择购买。

7.2 推荐算法

悟空完成了人生中首次组内分享，获得了同事的一致好评，甚至部门总监如来也对这个新人有了印象。在分享后的问答环节，如来举手提了一个问题。

如来说，你分析得非常好，那你觉得结合你的分享内容，“寻他音乐”下一步应该做什么来提升我们的转化率呢？

听完如来的问题，悟空毫不犹豫地回答：推荐功能！我们的“寻他音乐”需要推荐功能。音乐播放器发展到现阶段，播放用户指定的音乐已经不能满足用户的需求，很多用户之所以选择关掉我们的APP，是因为用户已经听腻了想听的歌，这时如果能向用户推荐用户喜欢听的歌，一定会大大延长用户的听歌时间。

如来听了很高兴，认为这个提议非常好，让唐僧带着悟空负责这个项目。

但随后的几天，师徒二人都陷入困境，两人都没有个性化推荐的经验，看着网上各种复杂的算法和公式，感觉很困惑。最终，悟空想到了观音姐姐现在从事的正式个性化算法推荐，于是两人找到了观音姐姐求教。

在一个阳光灿烂的午后，城西区的一个咖啡店里，观音姐姐向两人讲述了推荐算法的理念。

在内容类型的产品中，会有大量的内容展现在用户面前供用户选择。但是让用户浏览完所有内容后再做决定既不高效也不现实，大量的用户会因为无法找到自己感兴趣的内容而选择退出产品，所以得想办法展现用户最可能感兴趣的内容，从而最大限度地提升用户在这一步的转化率，避免用户流失。

7.2.1　提升转化率的方法

提升转化率的方法说起来很简单，就是展现用户最可能选择的结果，但是解决这个问题最难的地方在于如何选出用户最可能选择的结果。这就需要背后有一个高效而精确的推荐系统。

7.2.2　推荐系统的基础元素

推荐系统一头连接着用户，一头连接着内容库。如果想给出优秀的推荐结果，需要以下几个前提。

（1）内容量足够大的内容库。试想一下，如果一个产品的内容库只有一件产品，那么根本不需要推荐系统，因为再怎么推荐也永远只会有一种结果，那就是展现内容库里的唯一一件产品。

（2）对用户信息进行采集。每个用户都是一个独立的个体。他们对于内容的喜好并不相同，所以我们需要采集用户的行为对用户进行了解，有了这个基础才能推荐出靠谱的结果。

（3）有能自我学习、不断进步的算法。当我们有了内容量很大的数据和对用户的充分了解后，如何将对两者的了解结合起来，给用户一个推荐结果呢？这时就需要算法的帮忙。换句话说，我们需要建立一套规则，让计算机能高效地判断推荐什么样的内容能让转化率达到最高。

目前，市场上的个性化推荐算法有很多，有对所有用户推荐结果都一样的个性化算法，也有对不同用户推荐不同结果的非个性化算法。

7.2.3 非个性化推荐系统

如果所有用户想要的结果都是一致的，就没必要对结果进行个性化推荐，直接把最佳结果展现给用户即可，例如百科类的产品或者某个企业的官网地址、近期最热门的商品、歌曲等。

这时，我们只需要把最好的结果排在页面的最前面就可以。

要想建立一个非个性化推荐系统，需要了解数据收集、权重思想、清洗异常数据的相关知识。

1. 数据收集

对于一款音乐产品，我们怎么定义“最受欢迎”呢？把播放次数最多的歌曲定义为最受欢迎当然是一种简单有效的做法。要想让结果更精确，只收集歌曲被播放的次数是不够的，其实用户每一种对歌曲的操作都表明了对歌曲的好恶。例如，删除、切换下一首歌曲都表明不喜欢这首歌曲；而播放、收藏、完整地听完则表明喜欢这首歌曲。我们将用户对歌曲的“喜欢”行为和“不喜欢行为”收集起来，对比一下喜欢和讨厌这首歌曲的人数完成对该歌曲的评价。

这时问题来了，如果一首歌曲既被操作了“收藏”又被操作了“下一首”，我们该如何判断用户是喜欢这首歌曲还是讨厌呢？判定用户对这首歌曲做出了“既不喜欢也不讨厌”的评价显然是不正确的，因为“收藏”行为体现出来的对一首歌的喜欢程度明显大于“下一首”。综合看来，用户对这首歌是偏向于喜爱的，如图 7-2 所示。

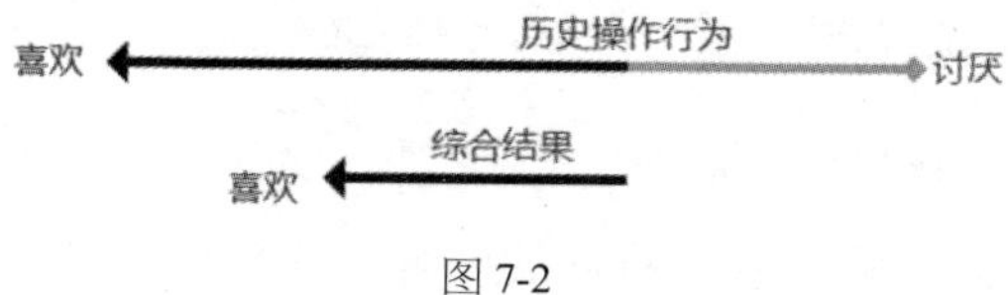

图 7-2

当用户对同一个内容做出了矛盾的评价时，为了能让评价结果更客观，我们需要借助一种新的工具：权重思想。

2. 权重思想

从上文中那位对同一首歌进行了“收藏”又点击了“下一首”的用户的行为中我们可以发现，用户每种行为的权重都不一样。我们需要对每种行为给出不同的权重值，让排序的结果更合理。

假设“收藏”一首歌代表对其的喜欢程度为 1，那么单击“下一首”代表对一首歌的讨厌程度为 0.5。其他操作行为也分别赋予相关的分数，用这种方式整理后，我们就能得到表 7-1。把用户的所有行为相加，就能得到最终结果。

表 7-1

行　　为	权重	正负值（正值代表用户喜欢，负值代表讨厌）	最终结果
删除	1.0	-	-1.0
切换	0.6	-	-0.6
播放	0.5	+	+0.5
收藏	1.0	+	+1.0
完整收听	0.3	+	+0.3

3. 清洗异常数据

非个性化推荐的基础是投票机制，通过每个人用行为表示对内容的好恶选出最受欢迎的内容。既然是投票，我们就得保证投票结果的有效性，让投票结果展现“多数人的选择”。防止投票结果受到少数人行为的过大影响，这就需要我们建立数据清洗机制，将少数人对投票结果的影响控制在一定范围内。

例如，有一个用户疯狂地喜欢一首歌，想让大家也来听一听。为了能让一首歌排到第一名，就用自己的计算机不断单曲循环，久而久之，这首歌被稳定在了推荐榜的第一名。

这样的结果自然不是我们想要的，所以我们需要对数据进行清洗以防止这种“少数影响多数”的情况。

清洗的方法有很多种，在这里介绍最简单实用的一种，那就是“控制一定周期内投票数量”的方式，具体方法是一个人无论在一个周期内（我们暂定为 1 天内）重复播放了多少次同一首歌，最多都只算做播放了 5 次，从而避免一个人的行为对结果造成过大的影响。

经过数据收集、附上权重、排除异常数据的步骤，就能得到最终结果，然后就能将结果展现给用户。

7.2.4 算法的时效性

依照观音姐姐介绍的做法，悟空和导师推动开发了一套排序系统，上线后用户的点击率和停留时间都有显著提升，导师和悟空都非常高兴，但是没多久，新的问题就出现了。

问题是由一首新歌引起的，最近著名网络歌手小钻风推出了他的新歌《大王叫我去巡山》，歌曲一经推出就非常火爆，占据各排行榜的第一名。唯独在“寻他音乐”的排名非常靠后。

导师连忙找到悟空，检查是不是系统出了BUG，一查才发现系统并没有出BUG，而是由于在设计排序算法时没有考虑时效性问题，造成越旧的歌排序分数越高，新歌由于打分的人少，只能排在后面。

悟空说，我们赶紧把时效因素考虑进去吧。导师却说，现在开发太慢了，你快去设计方案，我先把最近最火的歌曲手动排在前面。

手动？

是的，手动！

给产品经理的一句话：产品经理的确是在设计产品，但是当发生状况时，需要考虑问题的紧急程度和开发成本。当需要渡河时，造桥是第一选择，但是当时间非常紧急时，抱一根木头渡河也是一个可以接受的方案。

---

1. 考虑时效性

有些排序需要考虑时效性，以此保证排序能反映最新的情况，这时我们可以加入得分随着时间衰减的因素来保证排序算法的时效性。

衰减是一个信息学上的概念，指的是信号在传输介质中传播时，会有一部分能量转化成热能或者被传输介质吸收，从而造成信号强度不断减弱。

我们在算法中也可以使用这一概念，让数据随着时间的推移对排名的影响逐渐减弱。

2. 衰减周期

衰减率：可以理解为下一个周期较本周期减少的比值，例如一周数据的衰减率是 30%，如果本周的数据对排名的影响为 100，那么下周会衰减到 70，再下周会衰减到 49（100×70%×70%=49），随着时间的增加旧数据对排名的影响逐渐降低，最后趋于 0。

衰减率的选择：衰减率影响的是旧数据对排序的影响，需要按实际的业务形态选择一个适中的结果。如果衰减率太小，那么旧数据会对排名产生巨大的影响，新的内容会一直排不上去。如果衰减率太大，新的数据会对排序产生巨大的影响，从而造成排序结果非常不稳定，如图 7-3 所示。

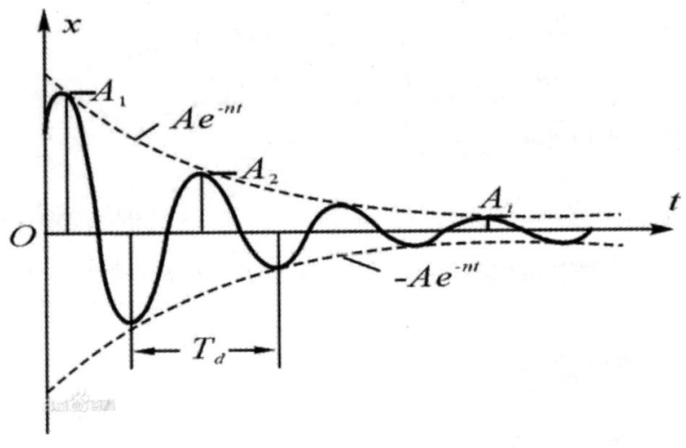

图 7-3

解决完时效性的问题后，非个性化推荐方法基本完成了。但是如果想再次大幅提升用户对推荐结果的满意度，就需要建立个性化推荐系统，毕竟对音乐的喜好是一件非常个性化的事情，只给出最热门的选择是很难令用户满意的。

7.2.5 个性化推荐

个性化推荐，顾名思义，就是为每个用户推荐个性化的结果。

相较于非个性化推荐，个性化推荐设计难度更大，开发成本更高，但效果最好。

1. 建立用户行为采集系统

与非个性化推荐系统只需要统计所有用户操作行为的总

数不同，个性化推荐系统需要统计每个用户的行为。

这里的“用户”指的并不是现实生活中的人，因为我们无法知道计算机或手机面前进行操作的究竟是谁，也许一台计算机会有多个人进行操作。所以我们通常将设备或账户定义为“用户”，然后将其操作行为记录下来。

定义用户后就可以依据用户的行为，猜测用户喜欢的内容，从而推荐给用户。

推荐系统有两种比较常见的算法，在这里大家不要一看到算法就头疼，下面将用比较通俗的语言向大家解释。

1）协同算法

这个算法的含义就是：如果一个人和你喜好相同，那么他喜欢的东西你也会喜欢。

如果用户甲喜欢 A、B、C 三首歌，而用户乙喜欢 A 和 B 两首歌，那么系统就判断甲和乙是喜好非常相似的用户，将 C 歌曲推荐给乙会是一个不错的选择。这就是协同算法的核心思想，如图 7-4 所示。

图 7-4

亚马逊页面中显示的“购买了这件产品的人也购买了这些商品”就是一个典型的协同算法的案例。

当然，协同算法也会存在问题，它需要大量用户的操作数据才能将不同的歌曲关联到一起。假如用户数或者用户的操作行为没有达到一定的量级，那么系统的推荐结果就有可能很不靠谱，而且推荐的时效性也存在问题，例如一首新歌很多人没听过，这也降低了新歌曲被推荐的概率。

这时，不需要收集大量用户行为的向量相似度算法就有了用武之地。

2）向量相似度算法

向量相似度算法的核心就是将歌曲的特征用向量“表现出来”，当两首歌曲的特征很接近时，就认为两首歌曲非常相似，一旦用户喜欢其中一首歌，我们就能将另一首也推荐给用户。

下面将用通俗易懂的方式向大家介绍这个算法，不擅长数学的读者也不用紧张，我们只需要用初中数学知识就能理解问题。

（1）首先，我们用不同方向的箭头代表不同的歌手，如图 7-5 所示。

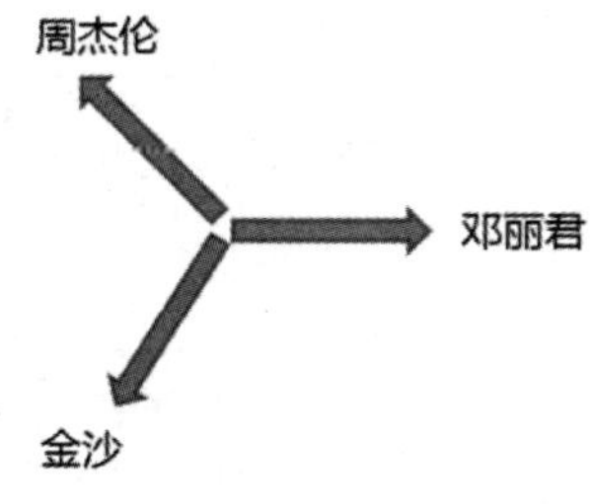

图 7-5

（2）因为用户喜欢周杰伦，所以用户的特征就如图 7-6 所示。

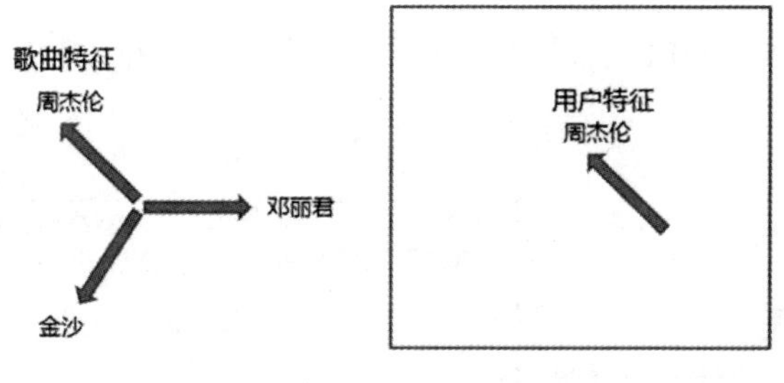

图 7-6

（3）如果用户同时喜欢周杰伦和邓丽君怎么办呢？图像如图 7-7 所示。

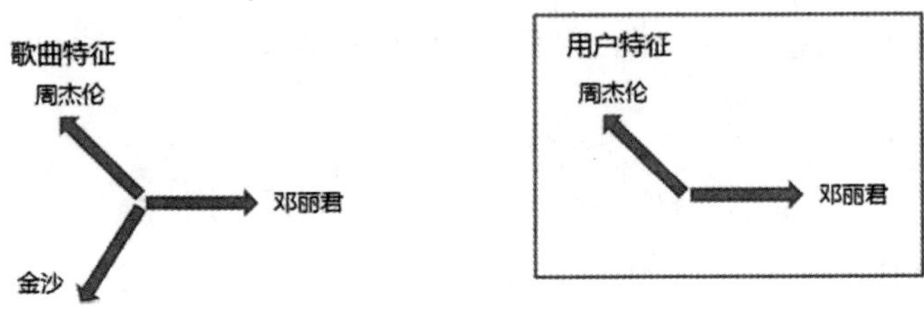

图 7-7

（4）同时记录两个方向太麻烦，我们把邓丽君和周杰伦用向量的方法“组合”，如图 7-8 所示。

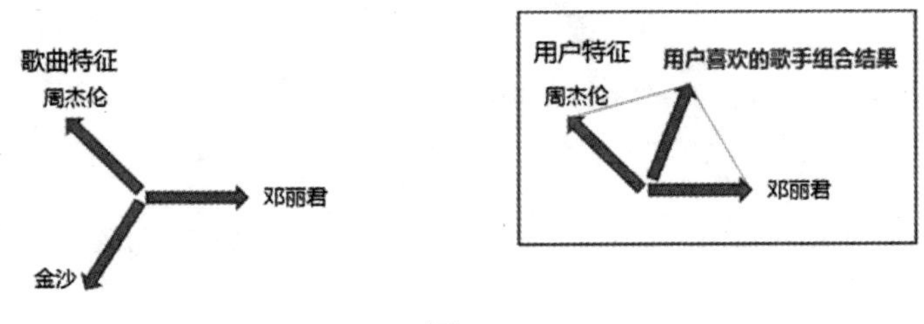

图 7-8

（5）同样，曲风我们也这么处理，得到如图 7-9 所示的结果。

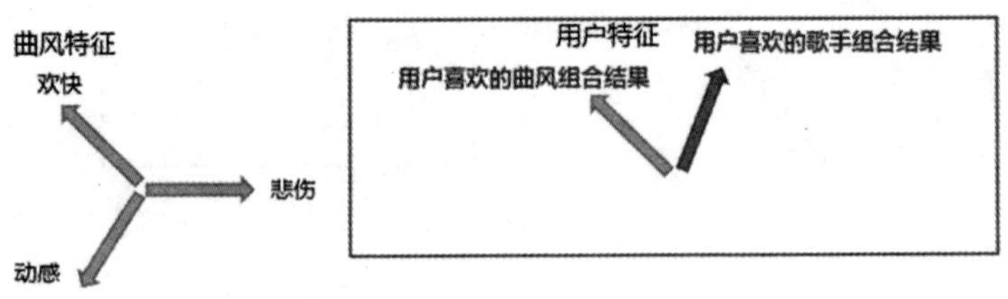

图 7-9

（6）用户的所有特征组合起来会是一个方向，如图 7-10 所示。

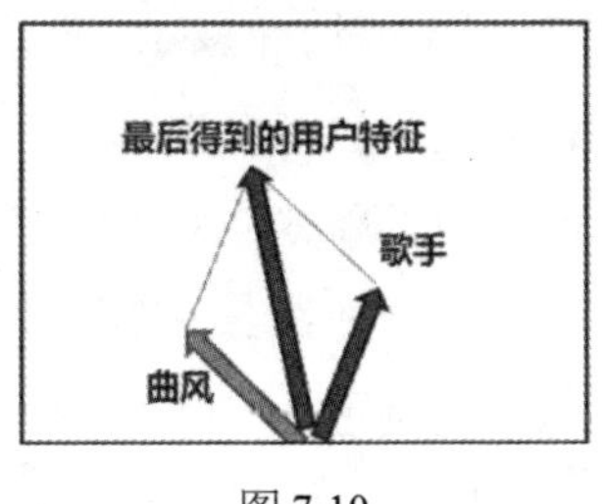

图 7-10

（7）我们把所有歌曲的特征组合成一个向量，看看哪些歌曲的向量和用户的最接近。如图 7-11 所示，很明显歌曲 1 更应该推荐给用户。

图 7-11

（8）如果觉得哪个特征更重要，可以把特征的向量长度加长。至于为什么加长能增加特征重要性，简单说来是由向量的性质决定的，在这里不做展开，有兴趣的读者复习关于向量的知识就明白了。

2. 算不准的鲶鱼

个性化推荐算法用久了就会产生新的问题，例如一个用户同时喜欢周杰伦和龚丽娜的歌，但是由于之前只听周杰伦的歌曲，所以在不断用行为表示自己喜欢周杰伦时，系统就会不断推荐相似的歌曲，但是由于周杰伦和龚琳娜的歌曲风格相差太大，系统就永远不会向用户推荐龚琳娜的歌曲，这就造成用户的需求并没有得到很好的满足。

这时我们就需要在推荐结果中故意掺杂“算不准”的结果，制造“意外”，让用户能接触到龚琳娜的歌曲，从而发现用户的喜好。

7.2.6 非个性化推荐与个性化推荐的优劣

前面介绍了个性化与非个性化两种算法，虽然看起来个性化算法更有“技术含量”、更复杂，但实际上两种算法并没有绝对的好坏，而是分别适用于不同的场景。

非个性化推荐适用于有“最好结果”的场景。这个结果是客观的，不会因为每个人喜好不同而发生改变，而且开发时也不需要存储大量的数据。

个性化推荐适用于没有“最好结果”的场景，会依据每个用户的喜好推荐，展现更可能被用户喜欢的内容，但开发成本、数据存储量都很大。

8 进阶知识

8.1 商业产品

为了能让这套推荐系统赶在十一之前上线，悟空和开发团队经过了一段紧张到让人筋疲力尽的封闭式开发，终于在节前上线了第一版。

封闭式开发指的是所有项目人员封闭在一定的环境里进行开发，以保证不受外界干扰，能专注地完成项目。

悟空休息时，导师可没有闲着，他脑海里一直在思考产品下一阶段的任务：产品的商业化。

当产品发展到一定阶段后，必然面临一个问题：产品如何变现。

8.1.1 产品变现的方式

目前，互联网产品变现的方式主要有 5 种：广告、游戏、电商、增值服务和金融手段。

（1）广告。这是目前互联网上最主流的变现手段。在产品中划出一个模块展现广告。当广告有了一定的点击量后，广告主将为之支付一定的费用。

（2）游戏。游戏用户在游戏中消费会创造利润。有些互联网公司没有能力或者觉得没有必要自己开发一款游戏进行变现，就会选择与游戏厂商合作的方式进行“联合运营”，即用自己的产品给游戏导去用户。当游戏厂商通过这部分用户赚到钱时，会与用户的来源方分成。但是这个方式有一个关键的问题，那就是流量的来源方如何得知自己带过去的用户究竟创造了多少利润呢？这就需要用专门的技术手段对游戏收入进行监控，而且用户可能玩了好几天甚至好几个月的游戏才会进行第一笔消费。相比按点击广告结算，这种做法的回报周期非常长。

（3）电商。通俗一点说，就是在互联网上买东西，从而赚取利润。

（4）增值服务。让付费用户享受更高级的服务，例如迅雷会员、QQ 会员等。

（5）金融手段。利用金融手段、利用用户存放在公司中的大量资金变现，例如微信中存在大量的用户资金，这些资金的利息就是一个不小的数字。这个变现方式门槛较高，所以只有现金流量巨大且具有各种资质的公司才能使用。

综上所述，目前最简单、最常见的变现手段就是广告。只需要在产品中展现广告，然后按一定规则向广告主收取费用就能为产品带来收入。下面我们重点介绍广告变现的具体知识。

8.1.2 广告

按照广告的收费方式，广告变现可以分成 5 种。

（1）CPC（Cost Per Click，按点击付费）。用户每点击一次广告，广告主就需要为此支付一笔费用。这种方式可以很有针对性，可以对不同的用户展现不同的广告以提升用户的点击率，再加上有些广告系统采用了竞价拍卖的方式，造成每个点击的价格非常高，有些热门的广告位置甚至会卖到上千元一次点击。这种方式是目前广泛采用的。

（2）CPA（Cost Per Action，按行为付费）。只有当用户点击了广告并完成了一定行为（例如注册、填写问卷）后广告主才会为此支付广告费用。因为需要用技术手段对用户的行为进行监控，以防止广告主不认账，所以技术难度略高，而且相较点击广告付费，用户完成特定行为的概率更小，所以采用这种广告形式的产品并不多。

（3）CPS（Cost Per Sale，按销售付费）。当用户点击广告并进行了商品购买后，广告主才会向产品支付广告费用。这种广告形式需要对用户的购买行为进行统计，相对于 CPA 统计难度更高，造成市场上采用这种广告形式的产品不多。

（4）CPT（Cost Per Time，按时长付费）。CPT 是一种以时间计费的广告，国内很多网站都按照“一个月多少钱”这种固定收费模式收费，这种广告形式很粗糙，无法保障客户的利益，但优点在于这是一种很省心的广告，能给没有太多时间对广告进行管理的（例如个人网站、博客等）产品带来稳定的收入。

（5）CPM（Cost Per Mille，按展示付费）。CPM 是一种展示付费广告，广告主需要为广告的每次被展现付费。这种广告的效果不是很好，但如果流量巨大，却没有合适的方式管理，也是一种相对低成本，收入却不错的变现方式。

以上 5 种广告方式各自存在优势和劣势，但是综合广告的成本、利润来说，CPC 和 CPM 是目前最流行的变现方式。

产品起步时，一般使用 CPM 的方式，这样能用最低的成本变现，之后会逐步改成 CPC 的方式。

广告平台

无论使用哪一种广告投放方式都无法避免接触客户、签合同、核对效果、收款等步骤。每一个步骤都需要投入大量的人力和物力，并且一旦出现问题，都需要非常专业、有经验的员工才能处理好。巨大的投入显然不是每种产品都能承受的。

这时，广告平台就诞生了。平台一边接入客户，另一边接入互联网产品，中间承担了交易平台的任务，并且帮助两方解决了签合同、核对效果、收款等任务。互联网产品只需要划出一块广告区域，接入广告。广告主只需要上传相应的物料，选定投放方向并支付费用，之后的事情都交给广告平台，平台会自动进行广告的效果与金额的核算，如图 8-1 所示。

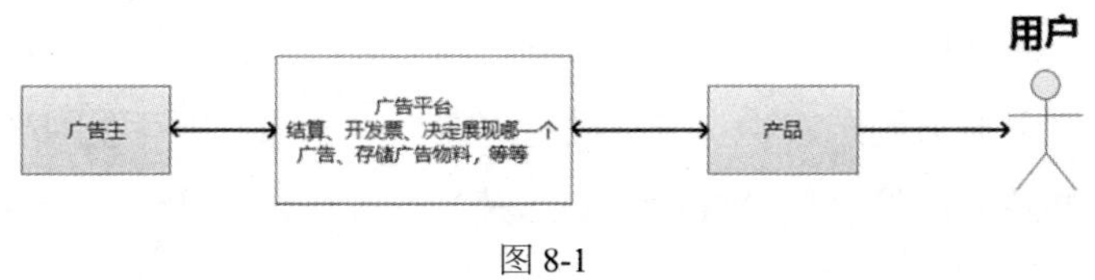

图 8-1

很多广告平台会采用低价买入广告位，高价卖给广告主的方式赚取巨大的利润。

8.1.3 游戏联运

网络游戏是目前互联网变现中最有效率的方式之一，2012年至 2015 年，腾讯和奇虎 360 公司一度有 50%以上的利润来自游戏收入。

想通过游戏赢利有两个关键点，一是有一款优质的游戏，二是有优质的渠道把游戏推广出去。

那么问题来了，大部分互联网公司并不具备独立开发一款游戏的能力，只有渠道：而游戏公司只有游戏，没有优质的宣传渠道。如果互联网公司和游戏公司能够优势互补，就能创造巨大的利润，于是游戏联合运营（又称游戏联运）这种模式应运而生。

游戏联运模式

游戏联合运营，即以互联网产品作为渠道，把用户从互联网产品导流到游戏中，最终进行消费产生利润，由互联网产品与游戏公司按比例分成利润的形式。

这其中有一个非常关键的环节，用户的消费数据必须同时让互联网公司和游戏公司知晓，这对于游戏公司来说并不难，但是互联网公司却无法直接监控。所以，目前通常采用互联网公司将一个 SDK 插件植入游戏用于监控的方式实现。

SDK：（Software Development Kit，即软件开发工具包）一般是指一些被软件工程师用于为特定的软件包、软件框架、硬件平台、操作系统等建立应用软件的开发工具的集合。

说到这里，可能有一些读者会产生疑问。既然游戏那么挣钱，为什么游戏公司不直接投放广告，创造最大利润，而要选择与渠道方分成呢？

其实这种投放广告的方式是存在的，但从用户开始玩游戏到持续产生消费是一个较长的周期，很多游戏公司无法承受这个周期内的资金压力。

此外，游戏受欢迎和成功并不是一个大概率事件，很多游戏最终无人问津走向失败，将互联网公司作为渠道也是一个风险供担的方式。由于双方利益一致，互联网公司也会卖力帮游戏推广。

8.1.4 电子商务

电子商务是一种相对传统的变现模式，通俗点说就是在互联网上卖东西。在互联网诞生之初这一商业模式就出现了，京东的自营商品就是典型的例子。

电商变现模式最核心的是转化率问题，即浏览用户有多少最终进行了购买。基于此，有些内容型的互联网公司由于用户的人群属性非常明确，在转化率上有着得天独厚的模式。例如，在 NBA 虎扑论坛上卖篮球鞋和运动装备，在下厨房 APP 上卖厨具与食材都是转化率很高的变现方式。

8.1.5 增值服务

增值服务指根据客户需要，为客户提供超出常规服务范围的服务。

这种盈利模式建议在互联网产品的用户数趋于稳定的情况下采用，因为当产品的用户规模还处于快速增长期时，公司为了用户数的增长，会千方百计地为每一个用户提供最好的、免费的服务，直到用户数过了高速成长期，趋于稳定后公司才会考虑采用收费增值服务。

最典型的例子就是迅雷会员，最开始迅雷为了用户数的高速增长，给用户提供免费的、最快的下载速度，在用户数稳定之后，开始向用户提供增值服务以赚取利润。

最后需要注意的是，增值服务的定义是“超出常规服务范围的服务”，所以如果要收费，只能对“之前没有，现在提供的功能”收费，而不能对之前免费的服务收费，否则会极大地破坏用户体验，最终造成用户的流失。

8.1.6 金融

金融指的是利用金融手段，利用用户存放在公司中的大量资金进行变现。举一个最简单的例子，用户在微信钱包中的余额每天会产生大量利息，这部分就成为了企业的收入。当然，现实中企业使用大量资金的方式自然不只是拿利息那么简单，会有大量其他的（例如债券、债权等）手段。

使用这一手段有一个底线，那就是得保证资金的流动性，让用户能在一定期限内将金钱转出或进行消费，一旦资金周转不灵，用户在产品中的资金无法及时取出，企业信誉将毁于一旦。用户会发生疯狂的挤兑行为，不会再将钱放在产品中。

8.2 跨部门合作

悟空刚到公司就收到了导师发来的消息，有一个新项目需要悟空负责。

项目的背景是这样的：全国最大的电商公司“火焰山集团”希望能利用元旦做一次元旦大促销，所以想在“寻他搜索”关于电商 query 的搜索结果页（例如，搜索 query 为网购、购物等）上展现促销信息。具体的 Demo 草图如图 8-2 所示。

图 8-2

悟空高兴地接下了任务，很快就完成了产品需求文档，然后联络相关的技术负责人、负责搜索的产品经理、搜索广告部、视觉设计部的同事开了一个需求评审会。

本以为这是一件很简单的事情，但是没想到在会上大家你一言我一语都表示不愿意做这个项目，整整争论了一个小时，根本达不成有效的结论，如图 8-3 所示。最后，悟空只能宣布先散会，之后找时间再沟通。

明明是一个很简单的项目，为什么同事就不愿意配合呢？悟空觉得非常委屈。导师听说这个情况后，找到悟空帮他分析问题。

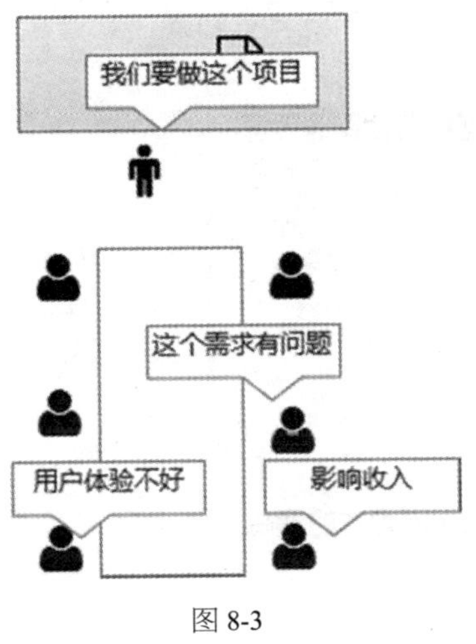

图 8-3

8.2.1 跨部门合作的问题的本质

虽然我们可以认为公司中每个人都是产品经理，可以调动资源，但每个人都有自己的任务，并不是为了无条件配合产品经理而存在的。

产品经理调动资源时不能以自我为中心，觉得发布任务就好。恰恰相反，产品经理实际上处于居中协调的角色，要将大家都聚合起来完成项目，就需要了解其他人的想法。在这个项目中，技术人员思考的是自己付出的技术成本有没有收益，运营人员关心的是这个季度的运营 KPI 是不是能完成，负责搜索的产品经理关心的是用户体验。

悟空的项目没有抓住其他部门同事的痛点并满足他们的

需求，当然四处碰壁，如图 8-4 所示。

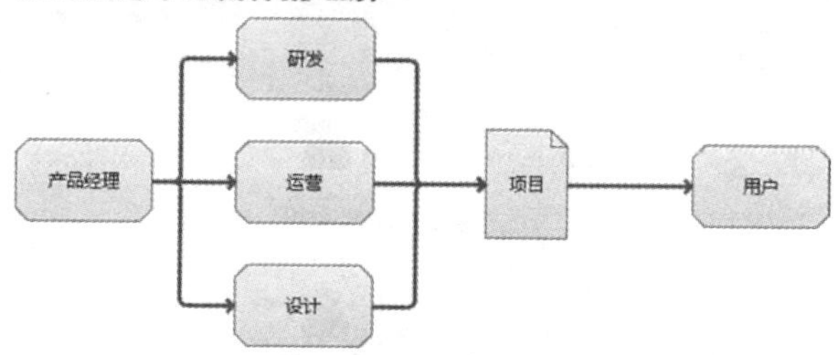

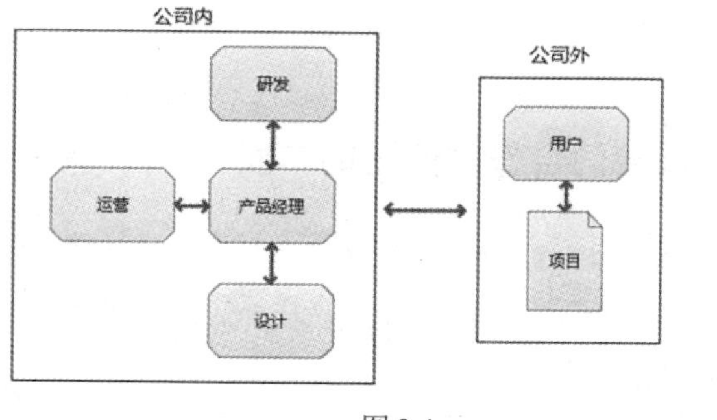

图 8-4

给产品经理的一句话：不要把用户痛点、满足用户需求这些话挂在嘴边，而是得放在心里。其实，公司里的每位同事，包括领导都可以看做是我们的用户，多思考他们的痛点是什么，然后努力给出靠谱的解决方案去满足他们的需求，自然就能得到“用户”的支持。

听了导师的分析后，悟空明白了问题所在，现在要解决这个问题，要怎么做呢？

8.2.2 解决问题的关键步骤

步骤 1：梳理项目会涉及的人和事。

步骤 2：找关键的人沟通，了解他们的需求和顾虑。

步骤 3：想办法解决他们的需求和顾虑。

步骤 4：所有人的意见达成一致后，再举行需求评审，协调大家对目标、分工和时间点等问题达成一致。

可怜的悟空居然跳过了前三个步骤，直接进行了最后一步。

8.2.3 具体解决方案

步骤 1：梳理项目会涉及的人和事

按照项目的界面进行梳理，防止疏漏。由于一个跨部门合作的项目往往十分复杂，在列举关键的人和事时可能漏掉重要的部分，而我们可以用项目草图作为“线索”进行梳理。

以这个项目为例，我们可以梳理成如图 8-5 所示的样子。

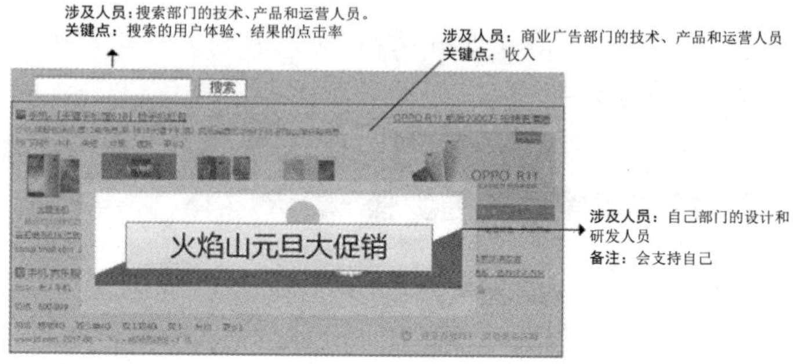

图 8-5

整理后，我们得到如下结果。

- 支持者：自己部门的设计和研发人员。
- 反对者 1：搜索部门的技术、产品和运营人员。
- 反对者 2：商业广告部门的技术、产品和运营人员。

步骤 2：找关键的人沟通，了解他们的需求和顾虑

在公司，有些人会为我们提供帮助，有些人会反对我们的方案，但是无论是帮助还是反对，行为的背后都隐藏着一个关键点，这个关键点叫**动机**。

想办法了解别人的**动机**，最有效率的方法是询问别人最近的业务目标。例如，对负责商业广告的产品经理来说，我们可以直接询问他们最近的业务目标是什么，目前有什么困难，然后得知这个季度他们的收入目标被制定得很高。通过这次对话得知对方对这个项目的态度背后的原因。

经过沟通，我们可以丰富自己的结论。

- 反对者 1：搜索部门的技术、产品和运营人员。

动机：反对这个项目是因为它会影响用户体验，主要表现为会影响搜索结果的点击率。

- 反对者 2：商业广告部门的技术、产品和运营人员。

动机：反对这个项目是因为它会影响他们的收入，他们本季度的业绩压力很大。

经过一番沟通，悟空理清了头绪，问题的关键点在于搜索结果的点击率和收入。如果能不影响同事完成这两部分的业务目标，他们就不会这么激烈地反对自己。如果能帮助同事解决这个问题，他们就会转而支持自己！

给产品经理的一句话：先发问的人占据主动，抱着帮助其他部门同事解决问题而不是索取资源的心态去沟通，对方会非常乐意把自己的目标告诉你。获取的信息越多，对自己接下来的决策越有利。

步骤 3：想办法解决他们的需求和顾虑。

很显然这个项目之所以被反对是因为会给其他部门的同事完成目标带来阻力。如果我们能通过某种方式使项目不会对其他部门的同事完成目标造成影响，那么这个项目在同事那里所受到的阻力将大大减小。

悟空带着收集的数据（这一步很重要，毕竟空口无凭）与导师一起找到了负责搜索的产品总监，说明了这个项目的确会影响搜索结果的点击率，但是影响面非常小，只占总流量的万分之一，而且能给公司带来丰厚的收入。最终，搜索总监同意不把这部分 query 覆盖的流量算入搜索产品的 KPI，搜索的产品经理知道后果然不再反对悟空的项目。

悟空找到搜索广告部门的同事，表示可以把这部分广告的收入全部算入他们的收入中，换回了搜索广告部门的支持。

给产品经理的一句话：在能完成项目目标的前提下，公司里最有能量的人是给予者而不是索取者，给予者会让大家都依赖和支持你。把抢夺思维转变成竞争思维会获得更多。不要怕功劳被抢，产品经理的价值是聚合资源把事情做成，有了应有的价值，不用担心自己不是公司最依赖的人才。

步骤 4：所有人达成一致后，再举行需求评审会，协调大家对目标、分工和时间点等问题达成一致

超过 5 个人的会议是用来达成共识而不是用来争论的。我们在私下将问题解决，在公开场合和大家强调需要明确的结论。

最终悟空照着导师的方法顺利地解决了问题。

项目上线后效果非常好。看着上线通报邮件中各部门同事祝贺和鼓励的话语，悟空觉得自己得到了比完成项目本身更重要的东西。

8.3 迭代

8.3.1 迭代的本质

迭代的官方定义是：迭代是重复反馈过程的活动，其目的通常是为了逼近所需目标或结果。每一次对过程的重复称为一次“迭代”，而每一次迭代得到的结果会作为下一次迭代的初始值。目前，我们接触到的几乎所有商品都是迭代后的成果。例如，汽车从最初速度慢、操作复杂、安全性低的产品经过不断迭代，成为了今天我们看到的样子。

互联网产品由于产品形态的特性，使得迭代的成本远低于传统行业。可以想象，如果用户想更换最新型的汽车，就必然得花费大量的时间和金钱成本进行购买或置换，但如果用户想用最新的互联网产品，只需要进行几步简单的操作，稍等几分钟就能完成。

相比传统行业，互联网企业的产品的迭代成本大幅降低，成为互联网行业与传统行业最大的区别之一。由于迭代成本较低，使得互联网产品具有了以下优势。

（1）产品成本被大大降低，使得互联网产品可以快速、廉价地被制造出来。可以先制作基础版试探市场反应，使随着用户量的增加产品继续升级的模式成为可能。例如，Facebook 的最初版本是扎克伯格一个人用很短的时间开发出来的，之后随着用户量的增加，又进行了一次次的迭代。

（2）修正错误的效率和成本大大降低，使得互联网产品可以快速修正产品中存在的问题，也使得互联网产品可以采用快速发布、万一出现问题能紧急修复的模式。2016 年，三星公司的部分手机发生爆炸，三星公司不得不花费巨大的成本将已售出的手机收回，受到了非常大的损失，但如果是一款互联网产品出现了问题，只需要发布新版并引导用户升级就好。虽然依然会对用户体验造成伤害，但修复速度会快于传统产品。

（3）可以不断试错。这里的试错并不是指程序的错误，而是指方向的错误。例如，最新版的产品增加了某个功能后发现这个功能会对用户体验产生负面影响，就可以快速将其修正过来。又例如，当对两者甚至多种方案犹豫不决时，可以将几个方案同时上线后观察用户反应，最后将方案定下来。

基于此类特点，快速迭代成为了互联网产品快速发展的利器，能让产品从小到大、功能从简单到全面，错误也能被及时发现并修正。

8.3.2　迭代的类型

迭代的目的分为 3 类。

（1）BUG 修复，即修复目前产品存在的 BUG。如果 BUG 比较严重，影响范围又比较广，还需要对用户进行强引导甚至强制升级。

（2）战术迭代。一般指的是增加某个小功能，使产品变得更好用，但是不会使产品的定位、主功能发生天翻地覆的变化，例如修改一个小交互。

（3）战略迭代。指的是产品满足的需求、目标用户发生了变化，例如微信的支付功能。

8.3.3　迭代的速度

（1）当一个产品处于初始阶段时，迭代速度通常最快，因为在这个用户数增长率极高的阶段，产品提供的服务需要迅速跟上，所以产品会不断进行战略性迭代。

（2）当产品的用户数和发展节奏稳定下来后，迭代的速度会逐渐降低，只在原来的基础上增加新功能、升级即可。这时就可以进行战术迭代。

（3）BUG 的修复可以按照 BUG 的影响范围和严重程度进行。如果一个 BUG 的影响范围很大或者会造成很严重的后果，就需要快速发布迭代版本进行修复。

接下来，我们将以微信为例，向大家介绍产品迭代的几个技巧。

（1）产品初期：快速成长期。

微信刚推出的时候迭代速度非常快，不到一年的时间已经迭代了 9 个版本，而且每次迭代都增加了非常重要的功能。例如，支持了发送语音、图片和表情、推荐用户加通讯录好友和 QQ 好友等功能。微信用这 9 次迭代提供了优质的基础服务，保证了用户数的快速增长。

由于产品强大加上各方面条件很有利，微信上线一年后拥有了 1500 万用户。这对很多 APP 来说算空前成功了，但对微信来说，这只是个开始，如图 8-6 所示。

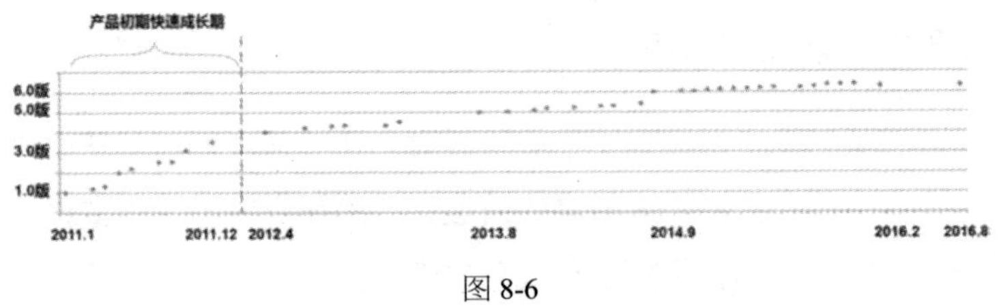

图 8-6

（2）项目连续爆发期。

在 2011 年大获成功后，2012 年的前 3 个月，微信没有发布任何版本，因为他们在集中力量进行另一次战略级的迭代：朋友圈功能。该功能最终在 2012 年 4 月发布，大获成功。

之后的微信转入了战术型迭代期，不断地用小功能完善用户体验，巩固自己的优势。同时，也在秘密开发一项新的功能，期待下一次的爆发，如图 8-7 所示。

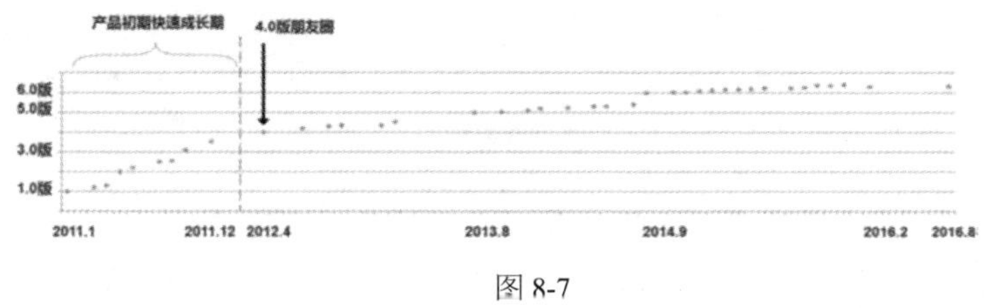

图 8-7

2013 年 8 月，微信推出了 5.0 版，这次发版之前沉寂的时间更长，因为微信这次迭代同时增加了两个战略级的新功能：游戏与支付。

这两个功能在一个版本中同时推出是因为在当时这两个功能是彼此依存，相互不可或缺的。如果只有游戏没有支付，那么游戏再好也不会产生收入；如果只有支付没有游戏，那么使用支付功能的用户会很有限。

这个判断在当时看来无比正确，虽然滴滴打车在 2013 年 4 月（也就是 5.0 版推出的 4 个月前）接受了腾讯的投资，但是当时几乎没有人能想到滴滴打车日后会激活整个移动支付市场，将移动支付的普及率大大提升。这时，大家还是觉得如果想让消费者支付，最靠谱的场景还是为游戏充钱，如图 8-8 所示。

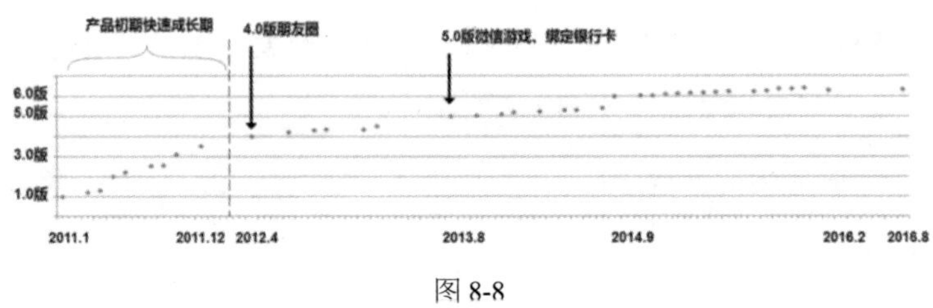

图 8-8

2014 年是移动支付元年，支付宝和微信支付为争夺线下支付市场打得不可开交，微信在这一年再次进入战术迭代期，不断发布优化用户体验的小功能，在 2015 年春节，凭借微信红包引爆全国。一夜间，全国人民都知道了微信支付，如图 8-9 所示。

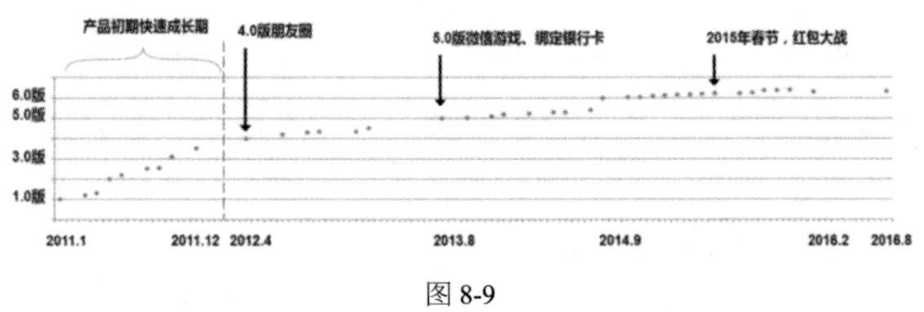

图 8-9

从微信的例子我们可以看出，3 种迭代类型在产品的不同时期各有侧重，而迭代的节奏需要依据市场的变化改变。

8.3.4 优秀迭代的几个特征

总结起来，优秀的迭代有以下特征。

（1）产品初期（快速成长期）需要迅速迭代，以满足用户需求并使产品能提供较完善的服务。

（2）产品稳定后，如果推出了战略级的新功能，最好能不断地进行优化迭代，优化之前没有考虑到的细节。

（3）某些迭代会同时推出几个功能（例如，微信的游戏和绑定银行卡功能），组合拳才是最有效率的方式。

（4）产品的迭代计划需要依据突发事件进行调整，正所谓更新得早不如更新得巧，所以微信红包一定要在春节之前推出。

9 产品经理成长之路

9.1 向上管理

有一段时间悟空忙于运营活动，很久都没向导师汇报运营项目的进度，导师主动找到悟空，问悟空最近在忙什么，手头上的项目进度如何。悟空把最近和八戒学习运营知识的事情说了一遍，说因为整天在做和运营相关的事情，觉得没有特别的事情向导师汇报，也就每天默默地上下班，没有找导师沟通。说完自己也觉得有点不妥，就又补了一句，说自己今后会注意定时向上汇报。

导师皱了皱眉头说，你需要学会的不是向上汇报，而是向上管理。其实面对领导，好的员工并不只是接受任务，埋头苦干、向上汇报那么简单，实际上领导也是可以被管理的。

9.1.1 领导与员工的关系

在这里，我们先理清领导和员工的关系。在很多人的认知里，领导的任务就是发号施令，而员工就是埋头执行，但这种理解其实是错误的。

从产品经理的角度思考，我们可以把领导当成用户，想办法找出领导的痛点、满足领导的需求，才是一个优秀的产品经理应该有的思考模式。

一般来说，领导会有以下痛点。

（1）担心自己的决策是错误的。

（2）担心自己的决策没有被执行到位。

先说第一点，这个世界上没有永远决策正确的人，所有人都会犯错，也都担心自己会犯错。

那么作为一名产品经理、一个最了解底层业务的人，应该起到向领导提供各种参考信息、避免领导因为信息不对称做出错误决策的作用。于是当领导向我们咨询问题、要求我们提供各种报告时，我们不妨在动手之前先与领导沟通，彻底弄清这个问题或这份报告的目的，然后从如何帮助领导决策的角度，选择最适合的信息向上传达。

例如，三藏让悟空提供一份“寻他电影搜索”的用户报告，实际上是想分析目前的用户构成，看看如何吸引更多的用户使用这款产品。悟空收到任务后，不应该不明就里地埋头准备报告，而是应该主动向三藏确认报告的目的和侧重点。

最终，悟空提供的报告中，不仅回答了三藏想知道的问题，还附上了最近运营活动的效果、进度及下步的建议。三藏看了报告后，决定让悟空把主要精力放在配合八戒做运营上，最终取得了非常好的效果。

第二点，担心自己的决策没有被执行到位。

作为一名领导，当任务布置下去后，实际上会担心执行力的问题，这也可以解释为什么执行力好的员工容易受领导欢迎。

那么除了认真执行外，我们还需要主动与领导沟通进度，让领导知道目前项目的情况，久而久之，领导才能放下心来。

例如，当任务发布下去后，三藏实际上非常担心悟空能不能和八戒配合好，在执行中是否遇到了问题，但是却整整一周都没有收到悟空的反馈。

三藏担心悟空在工作上遭遇了情况却没有汇报，以至于三藏没能做出相应的应对措施，最终耽误了工作进度。三藏主动向悟空询问了进度才得知事情进展顺利。这就是不注意汇报最终加重了领导负担的例子。

9.1.2 向上管理的诀窍

那么，我们在向上管理的时候，应该用什么样的处理方式有效地解决领导的两个痛点呢？

找到任务的最终目标后再行动

当我们接到一个任务后，一定要就任务的目的和方向与领导沟通确认后再展开行动。只有了解了任务的最终目的才能把事情做到最好。例如，今年公司的目标是用户数，那么当我们接到任务时，可以思考这个任务的最终目的是什么，自己负责的那个环节需要花多少精力，产出什么样的成果。明确了这些问题后，我们就能朝着目标努力，而不会出现做了大量无用功后才发现自己的努力方向根本就是不对的情况。

如果我们平时多留意公司的目标，接到任务时，只需要简单地交流就能做到"心领神会"，给领导留下"这个员工很聪明，一点就通"的印象。但实际上，并不是这位员工比别人聪明，而是比别人更努力罢了。

9.1.3 用自己的话重复一次

这个环节很简单也很重要。在实际沟通中，每个人或多少都会存在"这部分内容对方已经了解了，不用再啰唆"的误区，但事实往往不是我们想象的那样。由于经验和对事情认知的不同，沟通的两个人脑海里对事情的认知有可能并不完全相同。

这就导致沟通过程中会误解对方的意思。

解决这个问题的关键就是把理解到的东西用自己的话复述一次，让对方再次确认自己的意思，这样就能大大降低误解的概率。

例如，导师父让悟空提供一份报告，报告需要包含从项目开始以来的数据变化。悟空用自己的话复述了一遍“是不是要汇报从 11 月 1 日开始的所有点击率、点击数量、对比同期的变化率”。实际上，在导师的脑海里，这个项目 10 月 20 日就开始了，只不过悟空是从 11 月 1 日才接手。有了“用自己的话重复一次”这个步骤，就能立刻修复这次沟通中的误会。

9.1.4 汇报的详细程度

向领导汇报时什么样的汇报频率和详细程度是最好的呢？答案是最适合的。

（1）依据事情的重要性和完成事情的周期长短选择自己的汇报频率和详细程度。

如果一件事情非常重要又非常紧急，难度很高，那么就需要我们高频率地向上汇报进展和情况，让领导知道这个项目可以按时完成或者可能延期，然后早点做好应对方案。

如果一件事情很简单，或者重要性和紧急性都不高，领导心里对这件事的定位是“这事情交给他，应该不会出太大的问题，而且也不那么着急，出了问题也来得及补救，或者即使出了问题也不会有什么严重的后果”，可以考虑汇报得简短一点，让领导大概知道就行。

（2）当遇到问题的时候，如果需要领导帮助需要及时向上汇报，并给出解决方案。

当我们遇到问题时，最好的处理方式是自己及时处理和消化，但是如果问题超出了我们的控制范围，千万不要担心“不能让领导知道自己解决不了这个问题”而选择硬抗，最后把事情办砸了。

其实团队存在的意义就是彼此分工合作办成事情的模式，领导作为团队中最重要的成员，是有责任和能力解决其他成员解决不了的问题的。所以，遇到解决不了的问题要及时向领导求助。

当然，并不是说自己遇到问题后就把问题扔给领导。要知道我们向领导求助后，领导是帮自己解决问题，而不是替自己完成工作。所以在提出问题时最好能同时给出几种解决办法，让领导决策后能立刻执行，既提升了问题解决的效率，也避免了让领导有过重的负担。

9.1.5 心态

即使我们在各方面都努力做到了最好，即使我们工作能力很强，向上管理也做得不错，依然会有其他同事更受信任和器重。造成这种局面的原因很多，可能对方已经和领导合作了很久，建立起很强的信任，甚至就是领导的亲戚。

这时需要我们摆正心态，既然有些事情可遇不可求，那么我们应该把自己能做的事情做到最好，提高自己的核心竞争力。职场就像打牌，有些人天生运气好，拿了一手好牌，怎么打都赢。我们应该做到不抱怨老天不公平，而是努力提升自己的牌技，努力把手上的牌打到最好。等到下次再发牌的时候拿到相对不错的牌，之前的付出能收到回报。

从另一个角度想，现在行业发展快，工作职责内容随时都有可能发生变动，可能哪一天自己换了个业务线或者换了份工作，领导也会随之变化。既然对自己好的领导可遇不可求，那么比起祈祷遇上一个对自己脾气的领导，如何将向上管理做好，让合作过的领导都对自己不错，是我们更应该思考和努力的方向。

9.2 如何突破成长中的瓶颈

9.2.1 产品经理的三个阶段

很多产品经理在经历了一段时间的努力工作后会有一种感觉，就是虽然自己的工作熟练度在不断提高，对工作的流程、标准也已经非常熟悉了，当初觉得挺难完成的工作现在能够轻易完成，但总觉得自己的成长速度不如之前，成长遇到了瓶颈。

其实这是一个非常正常的现象，在无数产品经理的成长道路上都遇到过类似的问题。刚开始接触一项工作时，由于对各方面不熟悉，产品经理需要花大量的时间熟悉环境和项目流程，这个阶段我们称为**适应期**，熟悉了这些基础的东西，我们会迎来一段高速的**成长期**，这段时间我们能把原来非常生疏的事情做得越来越熟练。但在这之后，我们又会碰到天花板，导致按照原来的方式成长有限，直至下一次突破天花板到了更上一层的境界，从而再次迎来快速成长期，整个过程如图 9-1 所示。

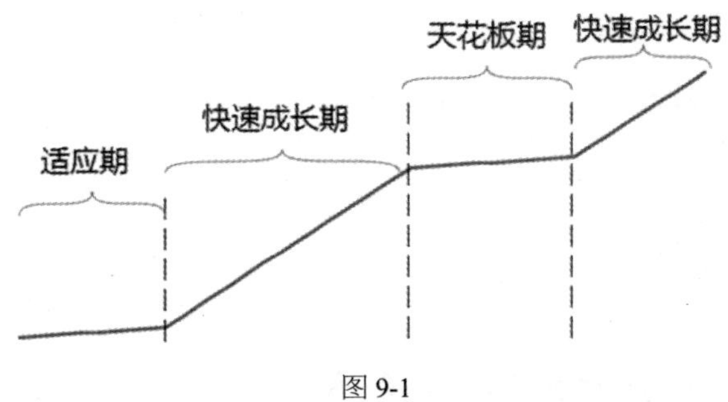

图 9-1

这时问题就来了，我们如何辨别成长速度减缓的原因是碰到了天花板，还是别的原因呢？

首先，我们得从理解产品经理的 3 个层次讲起。

产品经理按照不同的能力可以分为 3 层，如图 9-2 所示。

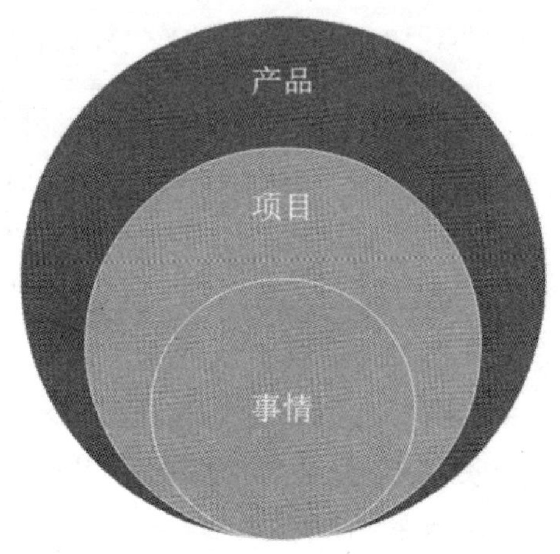

图 9-2

第一层：可以做事情。

第二层：可以做项目。

第三层：可以做产品。

9.2.2 可以做事情的阶段

在产品经理刚入行时，会接到一些“做事情”的任务，处在这个成长阶段的产品经理具有以下三个特征。

（1）可以完成目标明确的任务。例如，完成一份数据分析或完成某页面的样式设计。这些任务的目标直接且明确，不需要再进行过多思考，只需要按照前人的套路和经验按部就班地执行即可。

（2）缺乏对变数的掌控能力。一旦情况发生变化导致原来的套路失效，产品新人很难有效地掌握应付变化的解决办法，只能向上级求助。

（3）完成的事情不会对整个项目产生方向性的影响，也就是说，实际上新人的工作成果无论好快是不会决定项目的方向和成败的。例如，一个页面的样式设计，只要不是设计得太坏都不会对项目产生致命的负面影响。这样的工作安排是对新人的保护，也是对项目的负责。

综合以上三点我们可以发现，在第一阶段的新人会执行一些“有前人经验可循，只要不发生变化努力认真就能做成，即使做不成也不会毁了整个项目”的事情。

如果你正处于这个阶段，就需要踏踏实实地把事情做好，提升自己的熟练度和效率，千万不要觉得事情没意思就盲目应付，要知道这正是练习产品基本功的最关键阶段，很多事情看起来难度不大，但实际上恰恰是一名产品经理磨炼基本功的关键阶段。只有基本功做得非常熟练，才能真正理解为什么前人总结出的是这个套路，这个套路能避免什么样的“坑”，为什么这么做能提升效率。

只有第一阶段熟练到一定程度，面对各类事情都游刃有余才能进入第二阶段：负责项目。负责项目同时还需要一项技能，即能在其他同事负责的某一个项目出现问题时快速补上。例如，悟空得到了负责微信朋友圈项目的机会，但是设计朋友圈界面的新同事由于各种原因没能及时完成，或者设计得惨不忍睹。这时，如果悟空对原型图这一基本功不熟练，就无法快速解决这个问题，让项目面临失败。

就如传说中达芬奇开始学画画时画鸡蛋一样，想成为大师，首先得练习好基本功。

图 9-3

9.2.3 可以做项目的阶段

当我们能够熟练地处理各种事情时，就可以进入产品经理的第二阶段，这个阶段被称为可以做项目的阶段。

可以做项目的阶段

如果第一个阶段被称为造轮子，那么这个阶段就是上月球。因为和造轮子不同，负责项目会比负责事情复杂得多。

首先，你要为最终的效果负责。

登月和造轮子最大的区别在于复杂度，随着复杂度的增加，可以选择的方法也变多了，熟练度不再是决定项目成败的因素，决定项目成败的是我们对业务的理解能力和熟悉程度。

例如微信的红包系统，其实有无数种做法和方案，但是最终微信的产品经理加入了随机分到红包金额的功能，让发红包有了更多的游戏因素。最终借助春节发红包场景，让红包功能得到了彻底爆发。

其次，得能承担变数和解决风险。

既然事情变得复杂了，就会有风险和变数，例如一款新闻类产品，开发到一半的时候政府发文说产品必须能有效地监控和删除虚假信息的功能，否则产品不能上线。这就是一个在项目开始前无法预知的风险。最终有经验的产品经理可以增加用户举报功能，在不改变原有需求和框架的情况下解决这个问题。

最后，具有团队管理能力。

一个人能管理好自己的时间和做事情的节奏已是不易，要管理好整个团队就更难了。但是，当一个项目很庞大时，再厉害的人也无法事事包办，这时就需要将整个项目划分成几块，让不同的人负责不同的部分，定好项目计划，有变动及时周知大家，让整个团队能相互配合，共同向前。

9.2.4 如何完成升级

可能有些读者会觉得自己已经可以进入第二阶段了，但是领导依然让自己不断地完成事情，从来没有交给自己项目。这时不妨回想，自己是不是能将一个项目的各个环节都熟练地完成。如果有某些环节是自己还不够了解的，可以向领导主动请求负责这方面的事情，多多学习。一旦领导同意，请一定抓住这个宝贵的机会把事情做好。

当自己真的已经对项目的各个环节非常熟练，就考虑去负责某个项目，负责某个项目的机会可能会是领导忽然给予的，这时要及时了解自己哪个环节还不够熟悉，赶紧补上。如果觉得自己对各个环节都非常熟悉，可以考虑向领导主动请缨，先申请负责一些时间比较宽松，难度较小的项目。从领导的角度，一个项目如果时间比较宽松，说明即使出现了问题也来得及补救，难度比较小，这样自己获得负责项目的机会会大一些。

当自己能做成项目的时候，就到了负责产品阶段。

9.2.5 可以做产品的阶段

如果把负责项目比喻成登月，那么负责产品就是探索银河系，因为这个阶段能复用的套路更少了。产品经理的责任也进一步提升了，需要为产品的最终存活负责，确保高优先级的事情按时、按量完成。

这个阶段的产品经理的压力越来越大，需要做的事情也越“务实”。举个例子，产品刚冷启动，需要获取大量用户，如果你是处于做事情的阶段，可能需要负责的是一个拉新活动的界面设计，只需要按照前人的设计思路设计出一个界面就好了，至于这个界面最后的转化率究竟如何，压力不完全在你身上。

如果你负责一个小项目，需要思考的是通过这个项目究竟能不能完成 KPI，至于通过这个项目来的用户质量究竟如何，之后的留存率是否高于其他渠道，最终的压力并不在你身上。

但如果你是这个项目的总负责人，你就需要担心这个拉新活动拉来的用户是不是能变成忠诚用户，其中有多少是种子用户，最后，这个产品的用户是不是能持续增长。但项目的具体落地细节不是自己可以控制的，甚至自己对这个方式是不是能起到作用也不能确定，因为之前没有人做过，需要凭借经验进行决断。

9.2.6　不是每个人都能进入产品经理的第三阶段

绝大多数产品经理能从第一阶段进入第二个阶段，即从做事情的阶段进入做项目的阶段。当然，每个人由于机遇、努力程度等原因，“升级”的速度会有不同。这个阶段靠努力就可以了。

如果要上升到“可以做产品”的阶段，不单单是努力就可以的，需要我们在努力之余抽身出来对自己做过的事情进行总结思考，最终将某块领域融会贯通，从“知道”变成“理解”，成为该领域的专家。

9.3 深度思考的习惯

随着大唐国庆节来临，悟空的工作也算是告一段落，悟空觉得自己开始对产品经理这份工作有了领悟，能对一些现实生活中的现象进行深度思考，不再像刚开始工作时那样，对事情的看法那么肤浅。从思维上逐渐完成了从“普通用户”到“产品经理”的转变。

悟空又请观音姐姐吃火锅了，这次点菜时服务员很忙，叫了她半天才过来，如果是实习之前悟空心里会想：

（1）从点菜者的角度觉得服务不好，没有想过饭店的用户需求是什么（用户思维非产品经理思维）。

（2）会抱怨这家饭店服务员太少（只看现象，不思考问题本质）。

（3）会抱怨这家饭店为什么不多招一些服务员（从用户的角度给出一个粗暴的解决方案）。

（4）外加一句“这家饭店用户体验不好”（武断地对产品做出评价）。

（5）然后就到此为止了（没有给出解决方案）。

但现在不一样了，悟空学会了对问题和现象进行深度思考。

（1）一家饭店中，用户需求包含三个方面：美味、便宜和服务好。对一家价格较平民化的餐厅，用户对它的主要需求是好吃和便宜，而服务速度是次要需求。

（2）至于服务员响应慢，问题的本质在于服务员的服务速度跟不上客户提出要求的速度，这并不影响用户的主要需求（好吃、便宜）得到满足。

（3）用多招一些服务员来提升服务速度，提供更好的用户体验的方案会造成成本增长，不能相应地提升营收（这个时段饭店生意非常火爆、常常客满）。一旦成本提升，很有可能以提升价格为代价，用损失核心竞争力和降低主要需求的体验为代价提升次要需求体验的方式很可能造成客流减少，对于以营利为目的的餐厅来说得不偿失。

（4）当评价一个产品的体验的时候，不应该只看产品某方面的体验，而应该从用户需求、满足水平的方式进行综合评价。这家餐厅在服务员响应速度较慢的情况下依然如此火爆，可见用户的主要需求被满足得非常好，服务员响应速度的提升只是锦上添花罢了。

（5）既然无法通过多招服务员的方式提升用户体验，那么问题变成了如何在不增加人力成本的前提下解决服务员响应慢的问题。

就这样，悟空一步步地从现象解析到了本质，并最终开始思考解决方案，悟空的思考过程和解决方案如图 9-4 所示。

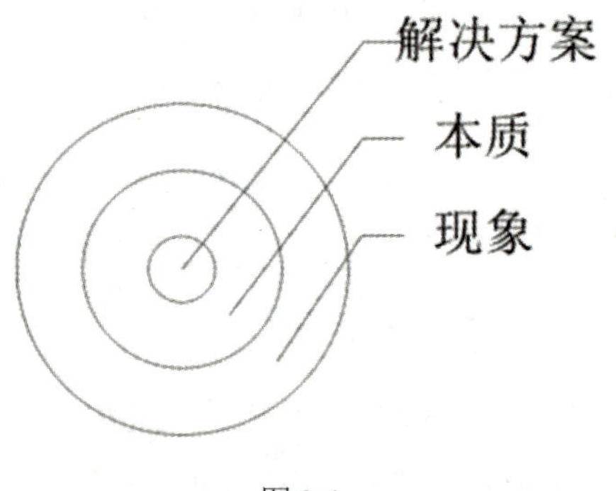

图 9-4

服务员之所以响应比较慢，是因为主要时间都会花在了等待顾客点菜上，由于这家店的菜分量分大份和小份两种，造成顾客常需要向服务员询问具体的分量再决策，而服务员并没有经过相应的培训，无法快速形容分量的大小，造成了时间的浪费。

悟空了解了这一点之后开始思考如何对菜单进行改造。最终觉得可以在菜单上附上不同分量的图片，并标注好菜的重量，让顾客能自己判断菜品的分量大小，从而大大提升点菜的效率，也就减少了服务员花在客户点菜上的时间。

给产品经理的一句话：想要成为产品经理，在发现问题后，努力不仅局限在工作上，还需要刻意训练自己深度思考的习惯。不仅会站在用户需求、产品的角度思考问题、进行调研，还会再去思考问题的本质，弄清楚问题的来龙去脉，并能在此基础上提出靠谱的解决办法。

亲爱的读者，偶尔遇到体验不那么好的产品时，不要放过这些机会，好好锻炼自己的产品思维，养成深度思考的习惯吧。

9.4 跳槽

转眼间，悟空在寻他搜索已经待了两年。在这两年里，身边的人在不断流动，刚开始工作时，悟空面对要离职的同事非常不舍，总觉得就像面对即将毕业的同学一样。后来遇到得多了，也就逐渐习惯了。到后来甚至自己也逐渐变成了小组中来得最早的员工。

9.4.1 互联网行业的高流动性

互联网是一个员工流动性非常高的圈子，依据猎头公司的报告显示，员工在一个公司里工作的时间平均只有两年。这与传统行业的差异非常大。在传统行业，在一家公司待十年甚至几十年的员工并不少见，而互联网公司里待个三五年就已经算是老员工了。

原因很简单，互联网公司业务发展太快，人才缺口太多。基于此，HR 会以提升薪资这种最直接有效的手段吸引人才。在互联网圈有这样一句“名言”：互联网员工如果想快点涨薪水无非两种手段，一是快速升迁，二是不断跳槽。但能快速升迁的还是少数，所以最后大多数人还是依靠着不断跳槽提升薪资。

9.4.2 跳槽之前的思考

那么，我们应该什么时候跳槽，在跳槽中又有哪些诀窍和需要注意的事情呢？

（1）工作轻松时考虑跳槽，而不要在感觉工作困难时。

很多跳槽者都存在一个误区，他们总是希望换一个“适合”的环境，解决目前在工作上遇到的一切问题。但实际上恰恰相反，世界上所有的公司，需要的都是能在遇到困难时解决问题的人，一个人能解决的问题越大，公司越愿意为其支付高额的薪水。

所以，正确的跳槽之道应该是觉得目前面对的问题已经不再具有挑战性，自己渴望面对更困难的问题、创造更高的价值从而获取更多的薪水时再选择跳槽。若一个人的能力连解决目前面对的问题都不足，跳槽到其他公司无非面临两种结果，第一种是被安排相同难度的工作，于是跳槽者发现境遇完全没有因为跳槽改变。第二种结果是被安排了更简单的工作，跳槽者感觉轻松了，但个人能力无法得到快速提升。

（2）当自己这类人在市场上供小于求，处于被其他公司急需的状态时。

当年新浪微博刚刚兴起的时候，腾讯曾经尝试过与之对抗，希望能凭借自己在社交方面的优势一举占领微博市场。于是采用了最直接的手段：挖人，从新浪微博来的应聘者不仅面试的通过率非常高，而且工资直接翻倍。类似的场景在 360 开始大举做搜索的时候，在微信开始介入支付时屡见不鲜，真可谓太阳底下无新事情。

究其原因，是因为公司处于拥有大量人才缺口而业务又急于发展的状态。所以，如果你目前从事的工作方向在未来有可能大步发展，不妨先静下心来修炼基本功，等待下一个人才缺口期的到来。到时候相信各方面的待遇都不会存在问题。

（3）不要为了一点蝇头小利而频繁跳槽，本章一开始就说过，跳槽成为了互联网行业中较快的涨薪方式，很多公司的 HR 甚至会先了解应聘者目前的薪水，然后在这个基础上给予一定的涨幅吸引应聘者。

如果为了涨薪水就换工作，那么会不会很快收到下一份诱惑呢？要知道，一般产品经理需要花 3～6 个月才能完全适应新公司的环境进入高效产出阶段。如果刚能高效产出就离开团队，那么无论对公司还是团队都是一个巨大的损失。所以，如果一年跳槽一次，应聘的单位也会有所顾忌。如果每半年跳一次，就触碰到了公司的高压线，用人单位会严重怀疑此人的稳定性，即使对方很优秀可能也会忍痛拒绝。

（4）新工作、新的方向的前景如何？是你喜欢并擅长的吗？

每一次切换方向，其实都是一次道路的选择。想要在未来的几年实现高成长无非两种方式。

新方向前景特别好，例如近年来大数据、无线端的爆发。不少之前从事这两方面工作的员工的薪水也在行业的爆发后急需大量人才的环境中水涨船高，薪水大幅度上涨。

另一种方式是把工作做得特别出色，这样即使行业没有实现爆发式增长也能脱颖而出。如果一个人不喜欢或者不擅长自己所从事的工作是很难做到这一点的。

相较于互联网公司中的其他岗位，产品经理这份职业更需要软实力，包括对业务的思考和理解深度。这就需要自己在平时的生活中也不断思考，如果一个产品经理对工作的方向不感兴趣，很难把工作做得出色。

例如蘑菇街、美丽说这样的产品，一名几乎从来不逛街、不买衣服的研发人员，只要足够努力依然可以管理和维护好各种数据库、实现各种交互方式；但是一个不逛街、不买衣服的产品经理绝对是团队的灾难。

所以当我们选择行业时，要么选择快速成长的行业，要么选择让自己快速成长的行业。如果新工作两者都不占，就不要盲目的选择跳槽了。

9.4.3 跳槽是成长途径，却也有风险

当我们选择跳槽时，会对新的工作内容、新的工作环境充满期待，而忽略了其中的风险。但是理性的我们得明白，其实跳槽是一个非常中性的词汇，机遇与风险并存，需要我们对两者进行评估，然后再做出决定。

千万不要如赌徒一般，在没有评估风险的情况下就盲目下注，到头来只会血本无归。

9.5 未来 5 年，市场上需要什么样的产品经理

导师离职前与悟空进行了一次详谈，总结了很多悟空还需要提高和注意的地方。

谈话涉及了很多方面，在谈话的最后，导师对悟空说：这

半年来你非常努力的工作，希望自己能成为一名优秀的产品经理，这些我都看得到。但是职场即市场，人才价格的决定因素除了人才本身的价值外，还取决于人才与职位的供需关系。所以不要埋头沉迷于自己的成长中，还需要不断抬头观察市场变化，让自己成为市场需要的人，这样将来你的选择才会越来越多。希望经过几年的积累和努力，你可以成为基本功全面、扎实且对某方面有深入了解的“T 型人才”。

悟空问：“什么是‘T 型人才’？”。

导师说道，你看 T 这个字母，最上面的一横，意味着技能与知识的广度足够，即能够熟练掌握产品经理的基础技能且没有短板，包括交互设计、需求文档、原型图、项目管理、数据分析等都能手到擒来。而 T 字下方的一竖则表明在技能广度的基础上，即对某方面有深度的研究，对原理、知识、行业动向都能做到如数家珍。

这时悟空问了导师一个问题：那么未来 5 年，市场上需要什么样的产品经理呢？

9.5.1 从“交互型产品经理”到后端“业务型产品经理”

在产品经理这个职业刚刚“火起来”的时候，互联网市场还处于比较混乱的阶段，对产品经理的定义也非常模糊。再加上当时无线端正好兴起，于是部分产品经理就承担起了完成交互设计的任务。这让不少人误以为产品经理就是只需要见过很多交互形式，凭借想象力和创意画好交互图就能完成工作的岗位。

不能说这种认识完全错误，因为在互联网产品这个概念刚起步的时代，产品的功能是以信息浏览为主的，并不复杂，而且那个时代交互非常混乱。一款产品想要达到“能用”的水平，产品经理需要在产品交互上投入大量的精力。

随着互联网产品的发展，交互已经越来越规范，也越来越统一，一个优秀的交互和界面已经成为产品的标配。一款产品如果没有达到这些基本的交互水平根本无法进入市场。这时互联网产品的功能也越来越多，除了具有浏览功能之外，还有诸如聊天、发送文件、支付等功能。产品的核心竞争力逐渐从“长相”变成了“功能”，而产品和设计的重心也逐渐从前端转移到了后端。这时“交互型产品经理”已经不能满足业务的需要了。

图 9-5 所示为目前国内市场用户数最多的 APP，可以看到无论是 QQ、微信这类社交通信类产品，还是像淘宝、支付宝这类金融电商类产品，背后都有庞大而复杂的体系支撑着。如何理清用户需求和背后复杂的业务逻辑，让用户需求得以满足，就成了产品经理必须思考清楚的问题。

排名	APP名称
1	微信
2	QQ
3	腾讯视频
4	支付宝
5	搜狗输入法
6	爱奇艺视频
7	手机淘宝
8	腾讯手机管家
9	UC浏览器
10	QQ音乐

图 9-5

于是在“交互型产品经理”之后，又出现了“业务型产品经理”。这类产品经理不仅需要懂产品设计的方法论并善于表达沟通，还需要熟悉业务。

当然，前端交互设计依然很重要，只不过市场对产品经理的要求提高了，前端交互设计只是基本要求，产品经理除了能完成优秀的前端交互设计外，还要能梳理出业务的环节、流程、关键点，并将之转化为需求，从而完成对整个业务的改造。

例如，最近发展得非常快的 O2O 外卖业务，负责业务的产品经理必须了解整个外卖的市场生态是如何运转的、有哪些环节、商家的诉求是什么、用户的诉求又是什么？如果想让整个产品运转起来，产品应该实现什么样的基础功能？其中涉及商家、用户、骑手和财务。每一方都是业务不可或缺的部分，都有自己的需求，产品经理一一了解后，将所有信息整合到一起才能设计出可用的产品，而且其中哪一环出现问题都会造成产品无法使用。

9.5.2 细分领域的专家

随着互联网整个行业的发展，互联网具体的需求也越来越细化，由于时间和精力的限制，对互联网涉及的各个行业都非常了解的产品经理几乎不存在，只有多年在各自的领域深耕细作的专家产品经理，或者对各业务都了解一点却都不够深入的普通产品经理。

那么问题来了，大多数人在毕业找工作的时候，其实是没有太大的选择空间的，而且也并不了解各个行业的具体情况，一旦发现自己做的工作并不是自己喜欢或者擅长的该怎么做呢？

答案是练好基本功，同时寻找自己擅长且市场未来需要的方向，并找机会进入这个行业。然后经过多年的努力成为该方向独当一面的人物。

选择未来专注的方向的时候，需要考虑自己是否喜欢、是否擅长、是否有市场三个因素，缺一不可。

如果只是喜欢某个方向但这个方向在未来并没有市场，那么可能自己的收入不会太高。

如果自己喜欢某个方向，这个方向也挺有市场，但是自己并不擅长，这样就会造成自己非常累，需要付出比其他人更多的努力，不过好歹也是痛着并快乐着。

如果做着一件擅长也有市场的事情，但是自己却并不喜欢，可能结果就是收入还行，做得也不累，只是有时自己不开心。

如果有一份工作自己喜欢且擅长，而且未来还很有市场，如图 9-6 所示，那就简直是一份完美的工作。这种事情可遇不可求，一旦有幸遇到了，就请好好把握吧。

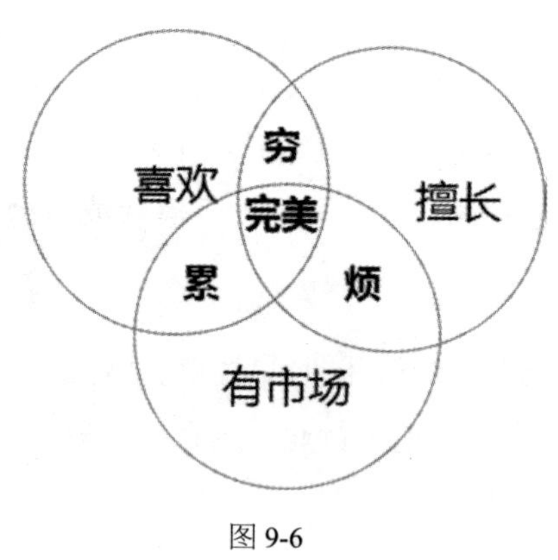

图 9-6